Marie-Thérèse Nadeau

Pardonner
l'impardonnable

Bonne lecture !

Sr. Thérèse cnd.

MÉDIASPAUL

Médiaspaul est bénéficiaire des programmes d'aide à l'édition du Conseil des Arts du Canada et de la Société de développement des entreprises culturelles du Québec (SODEC).

Données de catalogage avant publication (Canada)

Nadeau, Marie-Thérèse, 1944-

    Pardonner l'impardonnable

    Comprend des réf. bibliogr.

    ISBN 2-89420-138-9

    1. Pardon. 2. Pardon — Aspect religieux — Christianisme. 3. Amour. 4. Charité. 5. Générosité. I. Titre.

BF637.F67N32 1998   179'.9   C98-940906-6

Composition et mise en page: *Médiaspaul*

Maquette de la couverture : *Summum*

ISBN 2-89420-138-9

Dépôt légal — 3e trimestre 1998
Bibliothèque nationale du Québec
Bibliothèque nationale du Canada

INTRODUCTION GÉNÉRALE

Toutes les expériences auxquelles nous sommes confrontés quotidiennement, ou presque, méritent un jour ou l'autre d'être mieux saisies. Celle que nous privilégions dans cette étude est non seulement importante et difficile mais, très certainement, universelle. À moins de vivre à fleur de peau, et encore, personne ne peut en effet prétendre ne pas être concerné par elle. Nous avons nommé «le pardon». Évidemment, nous ne faisons pas ici référence à ce mot appris dès la tendre enfance de nos parents et éducateurs dans le but de témoigner de la plus élémentaire politesse à l'égard des autres. Utile certes, et souvent employé en diverses circonstances pour s'excuser, selon cette acception, «pardon» demeure très éloigné de la réalité qui retiendra notre attention dans les pages qui suivent.

Le pardon que nous tenterons d'approfondir a plutôt affaire avec le rétablissement de la relation entre deux êtres, relation rompue à la suite d'une offense quelconque. Et, comme nous le verrons, pareille entreprise s'avère des plus ardue tant il est vrai qu'il y a pardon et pardon. À vrai dire, nous constaterons qu'il est facile de se méprendre sur la vraie nature du pardon, de même que sur sa finalité ultime. C'est ainsi que plusieurs personnes estimant bien connaître en quoi consiste le pardon, ne le confondent pas moins avec l'oubli, l'excuse, la compréhension de l'autre, l'abandon des droits et d'autres choses du genre.

Assurément, il n'est pas de tout repos de parler adéquatement de cette réalité aux multiples facettes et implications, de cette valeur toute en nuances. Cette constatation n'en donne que plus de prix à la démarche que nous entreprenons. Sans compter que le vrai pardon donné ou reçu à l'échelle personnelle et/ou collective semble constituer une denrée rare. Autant affirmer ainsi d'emblée qu'il ne nous paraîtrait pas indiqué d'éviter toute une vie durant de réfléchir sérieusement à la manière appropriée de répondre à la violence, petite ou grande, qui empoisonne les relations humaines, aux attaques de toutes sortes, voire aux conflits et aux crimes qui, avouons-le, dépassent à certains jours l'entendement. S'il est exact que les initiatives de paix prennent de plus en plus de place parmi les bonnes nouvelles, il est tout aussi exact de reconnaître que s'accroissent, dans le même temps, les possibilités quasi illimitées de destruction. Alors, que penser, que faire?

Pas de panique. Loin de nous la tentation de sombrer dans le pessimisme ou, pire encore, dans le drame. Mais cela dit, encore faut-il être lucide et, surtout, réagir, afin de ne pas laisser les événements suivre sans plus leur cours. N'y a-t-il pas là une responsabilité pour tout être humain et, plus particulièrement, pour tout croyant qui sait, par le Nouveau Testament, à quel point Jésus le Christ a insisté pour que ses disciples se conduisent les uns à l'égard des autres d'une façon radicalement nouvelle, leur en donnant d'ailleurs lui-même l'exemple tout au long d'un ministère devant le conduire à sa Pâque? Dans la bouche de Jésus, l'appel à pardonner se fait très sérieux. Il n'est pas trop fort de dire qu'un amour qui n'engloberait pas le pardon serait, à ses yeux, insuffisant. L'invitation à aimer jusqu'aux ennemis, sur laquelle il faudra nous arrêter, suppose, à n'en pas douter, que l'amour emporte le pardon.

Essentiel à l'existence chrétienne, jamais l'Évangile ne laisse entendre le moins du monde que le pardon pourrait être un jour parfaitement incarné par le croyant. Bien au contraire, les divers textes qui le lui remettent en mémoire lui en font saisir toutes les exigences, lui donnent même de soupçonner les obstacles à sa réalisation. Concernant ces obstacles, faut-il souligner, au passage, que tous et toutes les surmonteront d'autant mieux qu'ils les connaîtront plus à fond? Il importera donc d'en faire l'inventaire quand le moment sera venu. Pensons seulement, pour l'instant, à la nécessité pour chacun et chacune de se pardonner à soi-même pour être en mesure d'établir une communion digne de ce nom avec Dieu et avec les autres.

Conscients de l'inévitable tension entre le psychologique et le surnaturel, la seule pensée de nombreux bienfaits reliés au pardon devrait par ailleurs susciter en chacun et chacune l'énergie qu'il faut pour essayer de le bien comprendre. Nous oserions dire qu'au nombre des conquêtes de toute nature qui jalonnent une vie, celle qui a trait au pardon authentique est de loin supérieure à bien d'autres. Quant au fondement du pardon, il ne saurait être question en aucune manière de le perdre de vue. En fait, comme nous aurons l'occasion de le souligner, il n'existe qu'un vrai pardon, celui de Dieu, à qui nos plus ou moins gros pardons nous donnent de ressembler un peu plus chaque jour, étant entendu que la perfection en ce domaine, comme en beaucoup d'autres, est hors de portée pour qui que ce soit.

Et puis, s'il s'en trouvait pour douter que le pardon soit indispensable dans toute existence, dans toute histoire, nous invitons ces derniers à se demander, ne serait-ce qu'un moment, de quoi aurait l'air un monde sans pardon. Le pardon étant un acte éminemment gratuit et créateur, nous présumons que ceux et celles qui aspirent à vivre et à faire vivre les autres, ceux et celles qui sont en quête d'un avenir aux larges horizons, pourraient se retrouver, au terme de ce volume, émerveillés tout autant que bouleversés, dans le bon sens du terme, par sa profondeur et l'abondance de ses fruits qu'ils auront contemplés chemin faisant.

Chapitre 1

LES PRÉALABLES AU PARDON

1. *L'intérêt de cette étape*

Le titre de ce chapitre, banal en apparence, n'en annonce pas moins un développement de toute première importance. En effet, comment pourrions-nous efficacement aborder par la suite les divers éléments constitutifs du pardon, creuser leur bien-fondé, saisir leur signification ou leur rôle dans la vie des individus, sans d'abord savoir à partir de quel moment il y a vraiment lieu de parler de pardon et, éventuellement, de le recommander aux autres. Le pardon n'ayant rien d'un geste aveugle, il nous semble logique de signaler, au tout début de cette réflexion, qu'il travaille sur une matière déterminée, ou encore, ne peut exister, au sens fort du terme, en dehors de son véritable objet. Quand donc le pardon pourrait-il ne pas être requis et, en revanche, quand est-il urgent de le mettre en branle? C'est ce que nous allons essayer brièvement d'indiquer.

2. *Pas de pardon sans offenses*

Pour peu qu'on les considère, il faut bien admettre qu'autant certaines situations, et elles sont nombreuses, ne peuvent faire l'économie du pardon, autant quelques autres ne le requièrent pas. Cette prise de conscience n'a pas échappé à quelqu'un comme Jacques Pohier, du moins si l'on en juge par un extrait de ses propos recueillis par Janine Feller pour le compte de la revue Vie Spirituelle. Selon Pohier, on utilise souvent le mot pardon pour désigner «des mécanismes qui n'ont rien à voir avec lui et qui sont la neutralisation de cette agressivité très forte inscrite dans notre être même». Cette observation suivait de près le rappel que toute agressivité n'est pas nécessairement un mal:

> Si la vie — la vie biologique, la vie psychologique, la vie sociale — n'était pas équipée de forces qui lui permettent d'attaquer ou de détruire, ce qui risque, elle, de la détruire, elle serait balayée tout de suite. C'est en ce sens que l'agressivité, l'agression sont des actes positifs de la vie, même s'ils s'exercent par mode de destruction: destruction de l'ennemi, de la menace, de tout ce qui risque de nous détruire nous-mêmes[1].

En tout cas, que toutes les situations pénibles n'exigent pas ipso facto le pardon, c'est bien l'avis de Studzinski lorsqu'il écrit:

> La peine personnelle est particulièrement forte quand ceux qui souffrent ont le sentiment d'être victimes d'actes de déloyauté ou de trahison. Mais il existe aussi nombre de préjudices qui n'exigent pas la rude besogne de pardonner mais qu'il faut recevoir avec tolérance et magnanimité. Pour pénibles que soient les affronts et les vexations, la plupart des gens ont la force de passer par-dessus[2].

Sans vouloir developper plus qu'il ne faut ce point, on aura probablement déduit de ce qui vient d'être dit que le pardon est réservé pour une matière très spécifique, à savoir le pardon des offenses. De fait, ce «don par surcroît», pour reprendre le sens littéral du mot «pardon», s'exerce à l'égard de situations, de gestes, de paroles, qualifiés d'impardonnables, ce qui lui procure d'ailleurs beaucoup de poids et de sérieux. Faut-il dès lors s'étonner outre mesure que le pardon se fasse si souvent attendre? Faut-il se surprendre qu'il soit si difficile à certains jours, comme nous le rappellerons plus loin, s'il est vrai qu'il s'adresse à la méchanceté comme telle? Bien sûr, il s'en trouve quelques-uns pour affirmer que la méchanceté ça n'existe pas vraiment, pour croire qu'il ne peut y avoir de véritables méchants. Ceux-là estiment généralement que toute réaction peut finalement s'expliquer par tout un ensemble de facteurs tels que l'ignorance, la non-intention de faire mal. Mais est-ce toujours nécessairement le cas?

3. Constat de la méchanceté

Chose certaine, en ce qui nous concerne, nous avons peine à penser que ceux qui ont gazé et brûlé des millions de Juifs, par exemple, ne savaient pas ce qu'ils faisaient. Nous préférons donc de beaucoup souscrire à ce que dit Jankélévitch:

> Je crois qu'il y a une perversité fondamentale, une méchanceté fondamentale au niveau même des intentions et que l'anthropologie, l'hérédité, la médecine, la sociologie ne suffisent pas pour réduire, pour dissoudre complètement cette méchanceté, ce dont on voudrait nous convaincre souvent aujourd'hui .[...] La méchanceté ne serait qu'une ignorance; si vous saviez, vous ne feriez pas le mal. Or, les gens savent et ils continuent à faire le mal[3].

Au risque de vous surprendre, cette manière d'exprimer la méchanceté possible des humains nous rappelle ici ce passage bien connu du Nouveau Testament où Jésus, au moment de sa crucifixion, supplie le Père en ces termes: «Père, pardonne-leur car ils ne savent pas ce qu'ils font.» (Lc 23, 34) Les bourreaux «ne savent pas ce qu'ils font», est-ce à dire qu'ils ne sont pas responsables? Voilà ce qu'une lecture rapide de ce verset fait conclure à certains qui croient que Jésus minimise ainsi leurs actes, tout comme ceux vraisemblablement d'un Caïphe, d'un Hérode, d'un Pilate, des soldats, de la foule et d'autres encore impliqués dans l'événement. Personnellement, nous lisons bien différemment ce passage. Dites-nous, sans vouloir attribuer nécessairement à tous la même culpabilité, pourquoi Jésus demanderait-il le pardon pour tout ce beau monde si ces gens étaient innocents? Loin de voir par conséquent dans cette prière l'évocation de circonstances atténuantes, nous comprenons plutôt que le non-savoir des offenseurs aggrave en quelque sorte leur cas. Ils auraient dû reconnaître en Jésus le Messie promis à Israël et ils se sont mépris sur sa personne. C'est sur un tel fond de responsabilité pleine et entière que la miséricorde de Dieu n'en ressortira d'ailleurs que plus forte. En définitive, pardonner c'est pouvoir pardonner même aux méchants et rien de moins.

4. L'ampleur de la méchanceté

À n'en pas douter la méchanceté existe. Bien plus, les choses affreuses à pardonner se multiplient, ici et là, à travers le monde. Il faudrait vraiment être aveugle, surtout avec les médias actuels si rapides à transmettre les informations, pour ignorer les crimes, les guerres et drames de toutes sortes qui secouent la planète jour après jour. Il n'est pas rare que les images véhiculées soient insoutenables tellement la cruauté sait faire preuve d'imagination, de créativité destructrice. Quel pays ne connaît pas, à un moment ou l'autre, ses tueries bien orchestrées, ses tortures sophistiquées, ses voitures piégées, ses adolescentes violées et mises à mort, ses meurtres gratuits d'enfants ou de vieillards sans défense? Où trouver un pays complètement exempt de terroristes ou d'individus qui, sous prétexte d'idéologie, massacrent à qui mieux mieux des ennemis dits politiques ou religieux?

Le mal est donc bel et bien omniprésent. Pourquoi alors, au lieu de s'en attrister béatement ou de chercher à gommer chez certains et certaines l'intention inexcusable de faire souffrir, d'humilier quelqu'un d'autre, pourquoi ne pas essayer de se convaincre que c'est précisément sur tout ce mauvais, sur toutes ces douleurs sans nom qu'agit le pardon? Eh oui,

> le pardon s'adresse à la méchanceté comme telle, à ce qu'aucune circonstance atténuante — maladie ou ignorance — ne peut excuser. Le pardon est une catégorie pour le criminel, pour celui qui a commis un crime en tant que crime et parce qu'il est un crime[4].

5. La méchanceté à nos portes

Évoquer une méchanceté à l'échelle nationale ou internationale n'a aucunement pour but de faire oublier celle qui envahit nos propres existences. En effet, sans être touché, fort heureusement, par une méchanceté de type sanguinaire, qui n'a pas expérimenté quelque chose de cette méchanceté au quotidien sous forme de jalousie, mesquinerie, petits coups d'épingle répétés, petites persécutions qui n'en finissent plus? Il n'est décidément pas facile de vivre ensemble, d'éviter les blessures qui proviennent aussi bien des êtres aimés que des étrangers et d'en causer soi-même aux autres. Aisément on en arrive à se traiter mutuellement comme des objets, des rivaux, des moyens pour parvenir à ses fins. Victime de la convoitise qui s'actualise de mille et une manières, on s'envahit, on s'accuse, on s'exploite, et quoi encore... Apparemment, on ne se serait pas trompé en affirmant, il y a de cela bien longtemps, que l'homme est un loup pour l'homme.

Tout compte fait, tout ce qui divise se ramène d'une manière ou d'une autre à ceci: recherche de l'exclusivité du pouvoir, de la richesse, de l'affection, de la vérité et de ce qui l'accompagne: le mensonge, la peur de l'autre, la méfiance, l'esprit de concurrence. Même les chrétiens n'échappent pas à ces déviations, eux qui, pourtant, ont été rassemblés par le Christ et en son nom. Ne pourrait-on pas s'attendre à ce qu'il soit plus simple pour les croyants et les croyantes de faire bon ménage? En tout cas, d'après Paul, les scissions et difficultés dans l'Église n'ont pas tardé à se manifester. On a bien l'impression qu'elle ne peut se soustraire aux répercussions, aux signes de la division qui atteint la société humaine en général, le monde dans lequel elle est inévitablement insérée. Prenons le temps d'écouter Paul:

> Mais je vous exhorte, frères, au nom de notre Seigneur Jésus Christ: soyez tous d'accord et qu'il n'y ait pas de division parmi vous; soyez bien unis dans un même esprit et dans une même pensée. En effet, mes frères, les gens de Chloé m'ont appris qu'il y a des discordes parmi vous. Je m'explique; chacun de vous parle ainsi: «Moi j'appartiens à Paul — Moi à Apollos. — Moi à Céphas. — Moi à Christ.»

Le Christ est-il divisé? Est-ce Paul qui a été crucifié pour vous? Est-ce au nom de Paul que vous avez été baptisés? Dieu merci, je n'ai baptisé aucun de vous, excepté Crispus et Caïus; ainsi nul ne peut dire que vous avez été baptisés en mon nom. (1 Co 1, 10-15)

Des paragraphes qui précèdent on retiendra que les occasions de pardonner ne manquent pas, ni de proche ni de loin. Mais encore faudra-t-il que quelqu'un en soit bien conscient pour donner corps au pardon. Et ceci nous conduit à cet autre préalable au pardon.

6. *Reconnaître pour pardonner*

Maintenant que nous savons qu'il n'y a pas de vrai pardon possible sans une matière que sont les offenses, il nous faut ajouter la nécessaire prise de conscience de celles-ci. En effet, le pardon suppose qu'on reconnaît l'offense avec sa séquelle de souffrances. Raoul Monteau l'a compris lui qui écrit:

Le pardon consiste à voir le mal chez autrui après l'avoir vu en soi-même, à le voir, à le reconnaître et à souffrir de ce mal, tout d'abord en silence. C'est là un temps essentiel du pardon que cette souffrance du mal d'un autre, d'autant plus forte et plus difficile à garder dans l'axe juste qu'elle nous affecte davantage personnellement[5].

Dire que certains voudraient voir dans le pardon l'absence de ressentiment, au sens de ressentir quelque chose, alors que c'est tout le contraire! Comment voulez-vous que la femme abandonnée de son mari ne ressente rien? Comment voulez-vous que la mère dont l'enfant a été assassiné ne ressente rien, elle qui est mise en face d'une perte définitive? Bien plus, pour Pohier:

La haine est une force absolument proportionnelle à l'amour et qui exprime la déception de l'amour quand son objet lui est retiré. Quand l'amour est très grand ou que l'objet est très grand, la haine est très grande. Amour et haine, les psychanalistes l'ont bien montré, ce ne sont pas deux sentiments différents, ce sont deux faces du même sentiment. Ce sont les aménagements de la haine qui sont à contrôler[6].

Reconnaître que le mal a une source, ou mieux, un visage, est sans nul doute essentiel au pardon, même si tous et toutes n'ont pas le courage de faire leur cette condition première. C'est ainsi que plusieurs personnes craindront d'admettre: «J'ai eu mal et c'est toi qui m'as fait mal.» Elles préféreront le plus souvent dire: «J'ai eu mal, mais ce n'est pas de ta faute», ou encore: «Ne t'en fais pas, ce n'est rien.» Pourtant le pardon n'a rien d'une excuse.

Le pardon est là précisément pour pardonner ce que nulle excuse ne saurait excuser: car il n'y a pas de faute si grave qu'on ne puisse, en dernier recours, la pardonner. [...] S'il y a des crimes tellement monstrueux que le criminel de ces crimes ne peut pas les expier, il reste toujours la ressource de les pardonner, le pardon étant fait précisément pour les cas désespérés ou inexcusables[7].

On ne le redira jamais trop, le pardon s'appuie sur ce fond de reconnaissance qu'on a souffert et qu'on est en peine à cause de l'acte d'une personne bien identifiée, d'ordinaire quelqu'un avec qui on a un lien personnel, qu'il s'agisse d'un parent, d'un conjoint, d'un enfant, d'un ami. De toute manière, faire l'autruche ne ferait tout au plus que retarder le moment d'apparition de la peine, de l'amère déception. En fait, seuls ceux et celles qui auront regardé la réalité en face pourront éventuellement y remédier. Et n'allons surtout pas penser que pareille attitude irait un tant soit peu à l'encontre de l'essence du pardon chrétien dont nous aurons l'occasion plus loin de préciser la teneur! De ce premier chapitre nous retiendrons par conséquent ceci: pas de méchanceté, pas de coupable, pas de pardon.

NOTES

[1] J. Pohier, «Questions sur le pardon», *Vie Spirituelle* 131, 1977, p. 205.

[2] R. Studzinski, «Se souvenir et pardonner», *Concilium* 204, 1986, p. 29.

[3] Entretien avec le professeur Jankélévitch. Propos recueillis par Renée de Tryon-Montalembert, *Vie Spirituelle* 131, 1977, p. 195.

[4] A. Abecassis, «L'acte de mémoire», *Le pardon. Briser la dette et l'oubli*, Paris, Éditions Autrement — Série Morales n° 4, 1993, p. 146.

[5] R. Monteau, «Pardon et douceur évangéliques», *Vie Spirituelle* 131, 1977, p. 236.

[6] J. Pohier, p. 212, cité *supra*, n° 1.

[7] J. Jankélévitch, *Le pardon*, Paris, Aubier-Montaigne, 1967, p. 203.

Chapitre 2

UNE GÉNÉROSITÉ QUI COÛTE

I. Les obstacles au pardon

Les préalables au pardon signalés précédemment ne nous ont certainement pas laissés sous l'impression qu'il était facile de pardonner. En effet, comment pourrait-il être aisé de bien réagir à de l'impardonnable, à de la vraie méchanceté? Cette constatation générale ne saurait pourtant nous dispenser d'examiner maintenant plus à fond les difficultés du pardon, les obstacles à sa réalisation et cela aussi bien du côté de l'offensé que de l'offenseur.

1. L'effort requis

De fait, les difficultés reliées à l'acte de pardonner sont multiples et atteignent différents niveaux de la personne. Pour une part, cela prend certainement beaucoup de courage, beaucoup de volonté pour entreprendre une démarche qui ne porte pas, rappelions-nous, sur des généralités mais sur une situation bien précise, un conflit clairement identifié. Il ne sera jamais de tout repos de dire à quelqu'un: «Tu m'as fait mal. Je le ressens comme cela et je t'en parle.» Certains individus préféreront faire comme s'ils n'avaient pas d'ennemis ou, tout au moins, d'adversaires dont ils souffrent. D'autres choisiront de s'habituer au côte à côte de l'agressivité ou opteront tout bonnement pour l'indifférence. D'autres encore se contenteront de vivre juxtaposés sans jamais aller au fond du problème. N'avez-vous jamais rencontré ce type de réactions sur votre route? Ne les auriez-vous jamais vous-mêmes adoptées?

Admettons-le, le pardon, qui fait sourire bien du monde, suppose un effort considérable. Il exige temps et énergie de la part de l'offensé qui doit constamment lutter contre un égoïsme toujours prêt à refaire surface. Pareille démarche, dont Jankélévitch dirait qu'elle relève du sublime, ne peut certainement pas s'effectuer entre deux portes. Le vrai pardon, qui va toujours à contre-courant, prend du temps, implique un long travail de mûrissement, une conversion du cœur, aussi bien chez ceux qui pardonnent que chez ceux qui sont pardonnés. Nous avons affaire à un processus dynamique très complexe qui, comme nous le montrerons tout au long de cette étude, intègre diverses composantes.

En définitive, si le pardon apparaît si pénible c'est qu'il fait appel au meilleur de la personne. Et, par expérience, tous et toutes savent que cette dernière bute facilement sur sa faiblesse. À cela s'ajoute, bien sûr, l'inconnu de la réponse de l'autre. Le pardon accordé pourrait-il ne pas être accueilli? Et puis, il y a aussi l'entourage toujours enclin à considérer celui qui pardonne comme un mou, comme un faible. Rien pour faciliter la tâche, n'est-ce pas?

2. La tentation de rendre le mal pour le mal

Qui d'entre nous n'est pas spontanément porté à rendre le mal pour le mal, à punir d'une manière quelconque celui ou celle qui l'a blessé? L'inévitable désir de vengeance, riposte instinctive à la faute, ne cherche-t-il pas constamment à prendre le dessus dans nos vies? Or, le pardon suppose que la personne surmonte ses instincts, les impulsions qui la portent vers la violence, la vengeance, la rancune, la colère. Il n'est jamais tentant au sein d'une relation très tendue de désirer le bien de l'autre, alors que tout est là pour justifier apparemment sa destruction. Et pourtant, c'est à cela qu'il faut tendre.

Mais attention! Le pardon ne demande pas de taire tout reproche. Si c'était le cas, cela voudrait dire qu'on considère l'autre comme pas assez intelligent pour être responsable de ses actes ou encore pour changer. L'important c'est d'essayer de trouver le ton juste de façon à ce que le pardon ne soit pas perçu par l'autre comme une vengeance, ni comme un simple règlement de comptes. En aucune façon l'offensé ne doit faire payer à l'autre l'offense qui lui a été infligée. Selon Hannah Arendt:

> Le pardon est la seule réaction qui ne se borne pas à ré-agir mais qui agisse de manière nouvelle et inattendue, non conditionnée par l'acte qui l'a provoqué, et qui par conséquent libère des conséquences de l'acte à la fois celui qui pardonne et celui qui est pardonné[1].

3. Une entreprise bilatérale

La plupart du temps, quand on aborde la question du pardon on songe à l'offensé, à celui qui est appelé à accorder le pardon. On se surprend à penser que tout le pénible se situe du côté de celui-ci. Pourtant, il est loin d'être simple pour l'offenseur de demander pardon à sa victime. Pour y parvenir, il lui faut, à lui aussi, effectuer tout un travail à l'intérieur de lui-même. Concrètement cela signifie que ce dernier devra découvrir et admettre sa responsabilité, ne pas rester figé dans un passé qu'il regrette, avoir le courage de parler, de reprendre le dialogue au moment de demander pardon. Soit dit en passant, avez-vous déjà remarqué que Jésus n'a jamais eu l'occasion de pardonner personnellement à ses offenseurs? N'est-ce pas à son Père qu'il demande de le faire dans le verset 34 du chapitre 23 de Luc, verset auquel nous faisions allusion plus haut? S'il en est ainsi, c'est probablement que Jésus n'a jamais trouvé chez ses offenseurs les conditions minimales pour que son propre pardon puisse être reçu.

En tout cas, la demande de pardon est, elle aussi, primordiale dans le processus du pardon. Le fait de demander pardon est essentiel, ne serait-ce que pour être en mesure d'accueillir, le moment venu, le don que l'offensé voudra bien faire à l'offenseur. En rigueur de terme, il n'est pas trop fort d'affirmer qu'il n'y a pas de don aussi longtemps que celui-ci n'est pas accepté. Autrement dit, quelqu'un ne pourra se vanter d'avoir pardonné tant que son pardon ne sera pas accepté, tant que celui qui l'a offensé n'aura pas manifesté son regret, son désir de reprendre une autre relation. Le pardon suppose très certainement une réciprocité, sous peine d'accentuer le décalage entre les personnes en cause.

Cela dit, comment ne pas noter que la demande de pardon n'est pas sans faciliter quelque peu la tâche de celui ou celle qui est appelé à pardonner? En effet, à cause précisément de cette demande, l'offensé sera davantage porté à faire confiance, à estimer que l'autre ne recommencera sans doute pas le lendemain à le faire souffrir. Pour le reste, il ne va pas de soi de demander sincèrement pardon. Mais si, par hasard, l'autre n'exauçait pas une telle requête, assurément, l'offenseur n'en sortirait pas moins grandi d'un tel geste.

II. Le pardon vient d'ailleurs

1. Une tâche humainement impossible

Le développement précédent nous conduit comme tout naturellement à percevoir qu'il est impossible pour quiconque d'atteindre seul ce sommet que constitue le pardon. Les croyants et les croyantes y voient quant à eux l'une des plus grandes exigences évangéliques, aussi difficile à vivre, pourrait-on dire, que la croix qui en est la source. Ils seraient même portés à affirmer que le pardon relève, quoique dans un tout autre contexte, de la folie dont parle 1 Co 1, 27, et à appliquer au langage du pardon ce que dit Paul du langage de la foi.

Vécu dans le sens le plus noble et le plus profond du terme, le pardon représente, à n'en pas douter, une tâche humainement impossible. Il n'a rien d'une disposition psychologique acquise, ni d'un heureux trait de caractère. Aussi bien dans le cas de celui qui le donne que dans le cas de celui qui le reçoit, il y a lieu de parler d'un acte surnaturel, tellement la distance est grande entre le mal et l'acte du pardon. En fait, une telle décision relève de la grâce, de l'ordre de l'absolu, d'un amour déraisonnable qui ne vient pas de l'être humain mais de Dieu. En d'autres termes, puisqu'il ne s'agit pas d'avoir de la sympathie mais bien de l'amour pour ceux qui nous blessent ou nous détruisent, qu'on en prenne conscience ou non, cet amour ne trouve pas sa source ailleurs qu'en Dieu lui-même, en sa réalité trinitaire qui, comme on sait, allie différence et communion. C'est ainsi que l'amour entre les personnes divines devient source et modèle de notre amour les uns à l'égard des autres.

2. *Un don de Dieu*

Le pardon étant l'œuvre de Dieu, comme en témoigne 2 Co 5, 18-20, il faut, par conséquent, s'ouvrir, par la prière, à la réconciliation, à la grâce de pardonner, et non pas chercher inconsciemment à pardonner par ses propres forces comme, malheureusement, c'est trop souvent le cas. Fondamentalement, le pardon ne devient possible qu'en entrant dans le pardon de Dieu en Jésus Christ, lui qui en brisant le cercle de l'offense pour l'offense a su ouvrir, et pour la personne et pour l'humanité dans son ensemble, des possibilités nouvelles. En somme, pardonner, dans le sens plein du terme, c'est avoir part au don de Dieu, participer à la gratuité de son amour infini. Par ailleurs, quand le pardon se produit, il y a lieu d'y discerner l'une des plus belles manifestations de l'Esprit dans le cœur de l'être humain.

Que le pardon vrai et inconditionnel soit au-delà des possibilités de la personne, qu'il dépasse ses capacités lorsqu'elle est laissée à elle-même, qu'il puise sa motivation et sa force en Dieu, voilà ce qui ressort bellement du prochain passage:

Nous ne sommes pas maîtres du pardon. Il nous échappe, nous dépasse. [...] Non seulement il échappe à celui qui ne sait pas qu'il est en train de pardonner, mais celui-ci après en avoir pris conscience ne peut être que surpris lui-même de ce qui s'est fait, comme si c'était né de lui sans qu'il sache comment, ni d'où lui vient cette possibilité de pardonner. Si le pardon nous échappe, c'est qu'il nous dépasse, car il vient d'ailleurs. Le pardon nous est toujours donné par quelqu'un d'autre[2].

III. Le pardon vient d'ailleurs mais pas uniquement

Que le pardon chrétien soit difficile à incarner, voire qu'il confine aux limites de l'inaccessible, qu'il ait, d'autre part, une origine théologale et plus spécifiquement trinitaire, qu'il trouve finalement son fondement ultime en Dieu, ne fait pas disparaître pour autant certains autres facteurs de nature à faciliter cet acte. Après tout, la grâce ne détruit pas la nature, même si certains et certaines semblent parfois l'oublier. De quoi voulons-nous parler?

1. Re-connaissance de soi et de l'autre

Au nombre des éléments susceptibles d'aider quelqu'un à pardonner, nous pensons d'abord à la prise de conscience par la personne de sa qualité de créature, qualité qu'elle sera également capable de reconnaître à l'autre avec qui elle vit un différend et, qui plus est, qu'elle le veuille ou non, un différend qui la lie irrévocablement à cet autre. Pour une part, autrui apparaîtra pardonnable en raison de cette identité fraternelle des uns et des autres. Si l'on préfère, la personne incapable de s'émerveiller de la dignité que Dieu lui a conférée, à elle et aux autres créatures, aimera très difficilement, pour ne pas dire jamais, ses frères et sœurs.

Par ailleurs, la personne devrait chercher à accepter l'autre tel qu'il est, en se souvenant qu'après tout Dieu l'accepte ainsi, tout comme elle, avec ses grandeurs et ses limites. En somme, elle est appelée à prendre conscience qu'à ses heures elle est tout aussi pécheresse que celui ou celle qui l'a blessée. Elle doit apprendre à reconnaître sa propre misère, sa propre pauvreté, dans l'offenseur considéré momentanément comme un adversaire, voire un ennemi. Tout compte fait, il nous paraîtrait presque impossible de pardonner sans cette prise de conscience par la personne de sa vérité de pauvre devant Dieu mais, bien sûr, de pauvre gracié, sans cette reconnaissance d'une universelle solidarité dans la misère, la souffrance et la peine. Autant déclarer que la lucidité est indispensable au pardon, que c'est elle qui, dans une bonne mesure, rend possible l'amour-*agapè,* et non un quelconque volontarisme.

Comme nous le rappelle Jn 8, 2-11, nul ne peut se prétendre sans péché ni se hasarder à jeter la première pierre. Nul ne peut non plus avoir la prétention de retirer la paille dans l'œil de son frère à partir du moment où, d'après Mt 7, 3-5, il a découvert la poutre dans le sien. Mais encore plus profondément, peut-être la personne se doit-elle, pour pardonner adéquatement, de re-connaître le visage du Christ identifié sur sa croix au pécheur lui-même: «Celui qui n'avait pas connu le péché, il l'a, pour nous, identifié au péché, afin que, par lui, nous devenions justice de Dieu.» (2 Co 5, 21); «Christ a payé pour nous libérer de la malédiction de la loi, en devenant lui-même malédiction pour nous, puisqu'il est écrit: Maudit quiconque est pendu au bois.» (Ga 3, 13)

2. Se pardonner à soi-même

Parmi d'autres éléments susceptibles de faciliter le pardon à donner ou à recevoir, nous mettrions la capacité à savoir se faire miséricorde à soi-même. En effet, tous s'entendent pour dire que pardon des offenses et miséricorde envers soi-même représentent deux aspects corrélatifs. Cela signifie que nous ne pardonnerons aux autres les torts subis que lorsque nous aurons appris à nous pardonner à nous-mêmes. Certains pardons demeureront ainsi lettre morte tant que la personne n'aura pas réussi à se réconcilier avec elle-même, encore que, sous un autre angle, le pardon échangé avec l'autre puisse prédisposer à se pardonner à soi-même. En lien avec cette idée, Studzinski écrira, quant à lui, que certains ont de la difficulté à pardonner aux autres à cause de

> leur réticence à se pardonner à eux-mêmes de s'être en quelque sorte laissé injurier par l'autre. Ils s'accrochent à l'idée que cet affront n'aurait jamais dû leur arriver. La colère et même la rage envers soi pour n'avoir pas prévenu l'offense ne sont pas rares. Pour une part, ce qu'a fait l'offenseur, c'est mettre en évidence la faiblesse ou la limite de l'offensé. L'événement offensant est un affront narcissique à qui le subit. Le moi imparfait se trouve révélé non seulement aux autres mais aussi à l'offensé[3].

On aura sans doute saisi en relation avec cette toute dernière affirmation que la personne doit avoir assez d'humilité pour se pardonner non seulement d'être faillible mais de s'être crue parfaite à tous égards, ce qui, avouons-le, n'est pas évident pour un bon nombre.

Bernanos estime de son côté que la personne déçue d'elle-même se hait plus facilement qu'elle ne s'aime. Apparemment, s'aimer soi-même ne serait pas nécessairement monnaie courante, si l'on en juge par cette finale du *Journal d'un curé de campagne*:

> Je suis réconcilié avec moi-même, avec cette pauvre dépouille. Il est plus facile qu'on le croit de se haïr. La grâce

est de s'oublier. Mais si tout orgueil était mort en nous, la grâce des grâces serait de s'aimer humblement soi-même comme n'importe lequel des membres souffrants de Jésus Christ[4].

Cette constatation donne à réfléchir.

3. *Une bonne dose de maturité*

On peut aisément admettre qu'une bonne dose de maturité contribuerait elle aussi à libérer en nous les pardons à accorder aux autres et à soi-même. Pour une part, en tout cas, nous serions portée à lui décerner un rôle dans la transformation du désir primitif de vengeance bien installé chez chacun et chacune, dans la conversion du fameux «œil pour œil, dent pour dent» en un désir de pardon. À nouveau, nous ferons ici appel à Studzinski, lui qui a su noter la place de l'empathie dans une personnalité parvenue à maturité et, du même coup, son impact sur le pardon:

> Le défaut d'empathie est la caractéristique d'une personnalité narcissique et explique en partie les difficultés des gens qui souffrent de ce désordre à pardonner les offenses qui leur sont faites[5].

Le pardon exige vraisemblablement une certaine force et une intégrité de caractère, lesquelles, selon les psychologues, se développent à partir du tout jeune âge. Que les éducateurs de toute nature se le tiennent pour dit. Par-delà sa faiblesse, la personne qui pardonne, ou demande le pardon, se rencontre, par conséquent, avec le meilleur d'elle-même.

28

IV. Différents moments dans le cycle du pardon

1. *Du pardon reçu au pardon donné*

Le point que nous nous apprêtons à expliciter mérite beaucoup d'attention. Sans mettre aucunement dans l'ombre les remarques précédentes, nous le considérons comme une étape décisive à l'intérieur de cette réflexion sur le pardon, un aspect à ne jamais perdre de vue dans le processus qui mène à sa réalisation. En effet, il semblerait que seul celui ou celle qui a fait l'expérience du pardon de Dieu et des autres soit en mesure de vraiment pardonner. Autrement dit, gracier un autre par le pardon serait rendu possible parce que l'on aurait été soi-même gracié. Les personnes en mesure de pardonner seraient celles qui ont bénéficié de la grâce ou du pardon de Dieu, d'un préalable pardon de leurs frères et sœurs, un peu comme seules pourraient aimer celles qui ont déjà fait l'expérience de l'amour.

De cela, le Nouveau Testament témoigne pour sa part admirablement. Nous pensons ici à l'épisode de Jésus et la pécheresse relaté en Lc 7, 36-50 et, plus particulièrement, à la dernière partie du v. 47 où l'amour est présenté comme un effet du pardon: «Si je te déclare que ses péchés si nombreux ont été pardonnés, c'est parce qu'elle a montré beaucoup d'amour[6]. Mais celui à qui on pardonne peu montre peu d'amour.» La fin du v. 47 est à rapprocher de la leçon des versets 40-43 du même chapitre 7 de Luc. On lit ceci: «Jésus prit la parole et lui dit: "Simon, j'ai quelque chose à te dire." — "Parle, Maître", dit-il. "Un créancier avait deux débiteurs; l'un lui devait cinq cents pièces d'argent, l'autre cinquante. Comme ils n'avaient pas de quoi rembourser, il fit grâce de leur dette à tous les deux. Lequel des deux l'aimera le plus?" Simon répondit:

"Je pense que c'est celui auquel il a fait grâce de la plus grande dette." Jésus lui dit: "Tu as bien jugé."»

Que pour pardonner il faille avoir été pardonné, que le pardon de Dieu soit prioritaire et communique à quelqu'un la possibilité et la force de pardonner à son tour, certains écrits de Paul l'attestent ouvertement: «Supportez-vous les uns les autres, et si l'un a un grief contre l'autre, pardonnez-vous mutuellement; comme le Seigneur vous a pardonnés, faites de même, vous aussi.» (Col 3, 13); «Soyez bons les uns pour les autres, ayez du cœur; pardonnez-vous mutuellement, comme Dieu vous a pardonnés en Christ.» (Ep 4, 32) Pour Paul, il semble bien que le pardon de Dieu représente le modèle, la condition du pardon entre nous, la source profonde de notre désir de pardon. À ses yeux, le pardon du croyant et de la croyante n'aurait rien à voir avec un effort laborieux dans le but de mériter le pardon de Dieu ou de ne pas perdre ce pardon. Tout au contraire, il faudrait y voir une conséquence du pardon reçu de Dieu. Bien naïve, donc, la personne qui prétendrait initier la chaîne du pardon!

En d'autres termes, la demande du pardon s'inscrit dans la surabondance de la grâce de Dieu à l'endroit de chacun et chacune de nous. Graciée elle-même en permanence, la personne est rendue capable de participer à l'action de Dieu qui se manifeste comme miséricorde. Tout pardon prend son origine dans «l'homme nouveau» si cher à l'apôtre Paul. Impossible de recevoir le pardon de Dieu, de vivre sans cesse en tant que pécheur pardonné et de ne pas vouloir faire miséricorde à son tour.

En somme, placée sous la mouvance de l'Esprit, la personne recréée par l'amour de Dieu non seulement «peut» mais «doit» adopter à son tour à l'égard des autres un comportement d'*agapè*, écho de l'*agapè* de Dieu:

«Alors, le faisant venir, son maître lui dit: "Mauvais serviteur, je t'avais remis toute cette dette, parce que tu m'avais supplié. Ne devais-tu pas, toi aussi, avoir pitié de ton compagnon, comme moi-même j'avais eu pitié de toi?"» (Mt 18, 32-33) Dieu n'est pas du tout indifférent à la façon dont nous nous comportons les uns à l'égard des autres.

Joseph Moingt sait pertinemment, lui aussi, que seule l'expérience du pardon de Dieu peut permettre aussi bien à l'offenseur de demander pardon qu'à l'offensé de pardonner. Voici ce qu'il écrit:

> Dieu est offensé par mon refus d'aimer ceux qu'il aime et par les offenses que je leur fais. Le pardon que je reçois de lui, c'est la force de demander pardon et d'offrir réparation à celui que j'ai offensé et c'est l'impulsion à donner gracieusement mon pardon à celui qui m'a offensé. Ainsi le pardon de Dieu, donné une fois pour toutes dans l'événement de la Croix, ne cesse de se communiquer des uns aux autres, comme un objet d'échange, tour à tour implorant et pardonnant, inextricablement divin et humain: c'est la contagion de l'absolu gratuité. Ainsi, le renoncement de Dieu à la violence sur la Croix ouvrait une histoire nouvelle, elle libérait l'accès au pardon, au pardon demandé et au pardon reçu[7].

À bien y penser, ce mouvement du pardon reçu au pardon donné revêt beaucoup d'ampleur, comme le montre en des termes éloquents ce qui suit:

> Tel est en effet, l'un des paradoxes du pardon: nous ne le découvrons qu'après coup, mais quand nous le voyons, nous mesurons qu'il est un don qui nous devance. C'est toujours ce qui nous aura été donné qui va nous permettre de pardonner. [...] Tout pardon serait exclu s'il n'y avait ce don préalable de l'amour qui nous précède, celui d'un père ou

d'une mère, d'une sœur ou d'un frère, celui d'un ami. D'une façon surprenante, ce sera parfois même celui à qui on va un jour pardonner qui nous aura donné la possibilité de le faire. Il n'est pas nécessaire pour cela qu'il ait fait le premier pas, demandé grâce, offrant l'occasion du pardon. Le don qu'il nous a fait est plus radical encore. Car si celui qui a aimé voulait saccager le bonheur qu'il a donné, il ne saurait être plus efficace dans la destruction qu'il ne l'avait été dans le don. Si nous avons su pardonner à ceux-là mêmes qui nous avaient meurtris, c'est parce qu'ils n'avaient pu faire mourir tout ce qu'ils avaient fait naître dans notre vie. Le pardon rend à l'autre ce qu'il avait donné et qu'il ne peut plus reprendre pour le détruire. Aussi le renvoie-t-il lui-même à ce qui en lui avait su aimer, créer, donner. Le pardon qui est le fruit d'un renouvellement du regard sur les autres, restaure à son tour ce qui s'était obscurci ou enfoui chez celui qui en fait l'objet. Le don qui a suscité le pardon revient à celui qui l'a rendu possible[8].

2. Du pardon donné au pardon reçu

S'il est vrai que tout pardon, comme tout amour dont il est une forme particulière, trouve son origine en Dieu qui nous a aimés et pardonnés le premier, de quelle façon y a-t-il lieu de comprendre la demande du Notre Père qui, elle, semble inverser la démarche? Lc 11, 4 ne dit-il pas: «Pardonne-nous nos dettes, car nous-mêmes nous pardonnons à tous ceux qui ont des torts envers nous»? Faut-il voir dans ce verset une contradiction avec ce qui a été explicité antérieurement ou serait-ce, tout simplement, une manière complémentaire d'envisager le pardon, tout aussi valable que l'autre? Est-il vrai que de pardonner aux autres leurs offenses est ce qui peut le mieux valoir à quelqu'un son propre pardon?

Si l'on en croit le Nouveau Testament, il faudrait répondre «oui» à la question. En effet, autant ce dernier affirme la priorité du pardon de Dieu dans la mise en œuvre du pardon humain à donner ou à recevoir, autant il rappelle qu'il importe au croyant de pardonner, s'il veut espérer être pardonné à son tour. Nous l'avons constaté dans le verset de Luc qui vient d'être cité et c'est encore plus clair en Mc 11, 25: «Et quand vous êtes debout en prière, si vous avez quelque chose contre quelqu'un, pardonnez, pour que votre Père qui est aux cieux vous pardonne aussi vos fautes.»

Bien sûr, Mt 6, 12, en formulant, de son côté, de manière plus faible la même demande de la prière dominicale, ne semble pas faire autant du pardon du croyant une condition pour mériter le pardon de Dieu: «Pardonne-nous nos torts envers toi comme nous-mêmes nous avons pardonné à ceux qui avaient des torts envers nous.» Mais on ne peut s'empêcher de remarquer qu'un peu plus loin, le même Matthieu reformule cette demande du pardon dans un sens encore plus fort que celui qu'en donnait Marc. On peut lire ceci dans le commentaire qui suit la prière du Pater: «En effet si vous pardonnez aux hommes leurs fautes, votre Père céleste vous pardonnera à vous aussi; mais si vous ne pardonnez pas aux hommes, votre Père non plus ne vous pardonnera pas vos fautes.» (Mt 6, 14)

Il semblerait donc, du moins d'après certains passages de l'Évangile, que le pardon humain soit déterminant, voire premier, quand il s'agit pour quelqu'un d'espérer le pardon de Dieu dont il a grandement besoin. Pour être pardonné de Dieu il ne suffirait pas de dire: «Pardonne-nous comme nous pardonnons», il faudrait apprendre à pardonner comme lui à nos frères et sœurs. Comment ne pas souligner au passage que, déjà, le Siracide indiquait que si quelqu'un veut obtenir le pardon de Dieu, il se doit de l'accorder à son frère: «Pardonne à ton prochain ses torts, alors, à ta prière, tes péchés te seront remis. Si un homme nourrit de la colère contre un autre, comment peut-il demander à Dieu la guérison? Pour un homme, son semblable, il est sans compassion, et il prierait pour ses propres fautes! Lui qui n'est que chair garde rancune, qui lui pardonnera ses péchés?» (Si 28, 2-5)

Il est bien évident qu'il s'agit de saisir correctement en quel sens le pardon humain est dit précéder le pardon de Dieu dans l'Écriture. Il ne faudrait pas confondre ce qui relève de l'ordre de l'existence temporelle et ce qui relève de l'ordre de l'être. En clair, cela signifie que si, sur le plan de la vie, tout se passe comme si Dieu attendait que quelqu'un pardonne à son frère pour que son pardon à lui devienne effectif, cela ne veut pas dire que, dans l'ordre de l'être, Dieu dépend de l'attitude des humains pour être tout pardon.

En réalité, si le pardon humain vient en premier sur le plan de l'existence c'est que, en ne pardonnant pas à son prochain, la personne se ferme à l'amour et au pardon de Dieu. Elle devient incapable de recevoir le pardon de Dieu et même d'en percevoir quelque chose. Si le pardon humain vient en premier sur le plan de l'existence c'est encore que, sans lui, le pardon de Dieu ne peut avoir aucune prise sur l'offensé qui s'enferme à ce moment-là dans le mal subi en oubliant qu'il est aussi parfois offenseur.

À partir de cette dernière remarque, vous nous permettrez de faire un léger détour pour souligner que, dans le Nouveau Testament, le pardon ne comporte pas seulement une disposition à pardonner à ceux et celles qui nous ont offensés mais, tout autant, une disposition à demander pardon à ceux et celles que nous avons offensés. Qui ne connaît ces deux versets dérangeants de Matthieu: «Quand donc tu vas présenter ton offrande à l'autel, si là tu te souviens que ton frère a quelque chose contre toi, laisse-là ton offrande, devant l'autel, et va d'abord te réconcilier avec ton frère; viens alors présenter ton offrande»? (Mt 5, 23-24) L'Évangile est affirmatif là-dessus: il est essentiel pour quelqu'un de rétablir la relation avec l'autre s'il veut avoir part au don de Dieu. Si son frère a quelque chose contre lui, il doit d'abord se réconcilier avec lui, lui demander de lui dire ce qu'il a contre lui, ce qu'il a pu lui faire pour le blesser. Il ne peut se contenter d'attribuer ce qui arrive à quelque aspect de la personnalité de l'autre, comme son mauvais caractère. D'ailleurs, en demandant pardon à son frère, n'est-ce pas déjà à Dieu que quelqu'un demande pardon?

Impossible, par conséquent, qu'une personne se cache derrière ses bonnes actions, y compris le culte. Nous l'avons déjà montré dans notre Introduction au mystère sacramentel[9], la liturgie n'a de sens que comme «expression» de l'amour et «nourriture» de ce même amour. Ce qui est exprimé grandit dans l'acte même de son expression. Tout symbole est à la fois «révélation» et «opération». Sommes-nous déjà arrivés en retard à la messe pour avoir pris le temps de mettre en pratique Mt 5, 23-24? Connaissons-nous beaucoup de monde qui prenne le temps d'exécuter ce précepte, si la situation l'exige?

Faut-il ajouter, pour éviter tout malentendu, que lorsque nous reprenons la demande du Notre Père: «Pardonne-nous nos offenses comme nous pardonnons», nous ne sommes pas en train de demander à Dieu de se comporter comme nous, d'ajuster son pardon à la mesure du nôtre. En aucun cas, le pardon de l'être humain ne saurait constituer la mesure du pardon de Dieu dont la miséricorde, fort heureusement, sera toujours plus forte que la sienne. Néanmoins, il demeure vrai qu'en pardonnant aux autres, l'être humain n'est pas sans manifester quelque chose de l'accueil qu'il fait au pardon de Dieu. Jacques Ellul va jusqu'à faire cette observation à laquelle nous souscrivons pleinement:

> Dieu me pardonne, alors je peux pardonner, et dans cette mesure même je sais que j'ai encore plus besoin du pardon de Dieu, et je lui rappelle le pardon qu'il m'a été donné d'accorder comme attestation du sérieux avec lequel j'ai commencé moi-même à pardonner[10].

3. *Deux moments étroitement reliés*

Comment ne pas reconnaître, au terme de cet ensemble de considérations, l'étroite relation entre le pardon de Dieu et le pardon humain? Comme l'a bien exprimé George Soares-Prabhu:

> Le pardon humain, né de l'expérience de l'amour de Dieu qui pardonne, retentit sur cette expérience créant de nouvelles possibilités de pardon. Le pardon humain est donc à la fois une conséquence de ce que nous sommes pardonnés par Dieu et c'en est (à un second plan) une condition. Voilà pourquoi les formulations du Nouveau Testament sur le pardon sont apparemment contradictoires et confuses. Elles décrivent différents moments dans le cycle du pardon, différents segments de la spirale[11].

En définitive, être pardonné, nous pardonner à nous-mêmes, pardonner aux autres, constituent trois facettes indissociables d'un seul et même processus. Nous croyons, par ailleurs, que si le Nouveau Testament, dans le Notre

Père, fait, d'abord, de l'accord entre l'attitude du croyant et celle du Père l'objet d'une demande, bien qu'il s'agisse d'une exigence évangélique, c'est qu'il veut nous souligner l'importance d'aller chercher auprès de Dieu, mieux encore, en Dieu, la force nécessaire pour remplir pareille exigence.

NOTES

[1] H. Arendt, *Condition de l'homme moderne,* Traduction de l'américain par Georges Fradier, Paris, Calmann-Lévy, 1961, p. 203.

[2] P. Jacquemont, J.-P. Jossua, B. Quelquejeu, *Une foi exposée,* Paris, Cerf, 1983, p. 110.

[3] R. Studzinski, «Se souvenir et pardonner. Dimension psychologique du pardon», *Concilium* 204, 1986, p. 31.

[4] G. Bernanos, *Journal d'un curé de campagne,* Paris, Plon, 1958, p. 321.

[5] R. Studzinski, pp. 25-26, cité *supra,* n° 3.

[6] L'apparente antinomie entre les deux parties du verset tient au texte composite de la péricope. En Lc 7, 37-38, 44-46, les gestes de la femme traduisent un grand amour qui lui vaut le pardon de ses fautes, d'où la conclusion 47a. Toutefois en Lc 7, 40-43 la parabole insérée contient une leçon inverse, à savoir qu'un plus grand pardon entraîne un plus grand amour, d'où la conclusion 47b. Voir la note de la Bible de Jérusalem à Lc 7, 47.

[7] J. Moingt, «L'imprescriptible fondement», *Pardonner,* Bruxelles, Publications des Facultés universitaires Saint-Louis 65, 1994, p. 96.

[8] P. Jacquemont, J.-P. Jossua, B. Quelquejeu, *Une foi exposée,* pp. 110-111, cité *supra,* n° 2.

[9] M.-T. Nadeau, *Les sacrements, approche théologique pour aujourd'hui,* Sainte-Foy (Québec), Éditions Anne Sigier, 1991.

[10] J. Ellul, «Car tout est grâce», *Le Pardon. Briser la dette et l'oubli,* Paris, Éditions Autrement — Séries Morales n° 4, 1993, p. 130.

[11] G. Soares-Prabhu, «Comme nous pardonnons. Le pardon interhumain dans l'enseignement de Jésus», *Concilium* 204, 1986, p. 77.

Chapitre 3

UN RISQUE NÉCESSAIRE
ET BIENFAISANT

Nous avons appris jusqu'ici que, travaillant sur de l'impardonnable, le pardon ne peut pas ne pas être coûteux et cela tant du côté de celui qui pardonne que du côté de celui qui a besoin de pardon. Comme nous le mentionnions, il suppose que soient levés certains obstacles, que la personne puise en Dieu la force de mettre à exécution ce geste humainement impossible, tout en développant, par ailleurs, tout au long de son existence, un certain nombre d'attitudes et aptitudes qui lui permettront d'agir dans le sens de la réconciliation, quand les occasions se présenteront.

Cela dit, il faut bien admettre que, onéreux, le pardon n'en est pas moins très nécessaire, bien mieux, riche de tout un ensemble de bienfaits que nous nous proposons de mettre en relief, ne serait-ce que pour faire saisir, à tous et à toutes, l'importance de prendre le risque qu'il implique.

1. Le risque du pardon

Il n'y a pas de doute que pardonner c'est risquer. En effet, quelqu'un aura beau faire confiance à l'autre, miser sur sa sincérité, croire que l'autre ne recommencera pas demain la même offense à son endroit, néanmoins, il ne possède aucune assurance qu'à l'avenir les choses se passeront selon le scénario espéré. Comment pourrait-il en être autrement puisque l'intéressé ne détient aucune prise sur la liberté de celui qui le fait souffrir? Qui pourrait lui garantir que l'autre ne donnera jamais plus libre cours à ses instincts? Celui qui pardonne n'est pas sans savoir non plus qu'il n'est pas facile pour l'offenseur de reconnaître la vérité de ses actes et de se comporter désormais en être responsable et libre pour le meilleur. On peut dès lors comprendre que la tentation soit forte pour quelqu'un de retenir son pardon ou même parfois de revenir dessus, de peur que l'autre n'abuse de sa générosité, voire qu'il en profite pour recommencer de plus belle à lui nuire. Et Dieu sait si, malheureusement, ce genre de situations existent!

2. Un risque nécessaire

La plupart du temps,

celui qui pardonne sait qu'il prend un risque en abandonnant le règlement par la force ou en renonçant à la puissance du droit. Mais il sait aussi que, sans ce risque, l'histoire n'a aucun avenir et que la violence se répétera par alternance d'oppresseurs devenant opprimés et d'opprimés se transformant en oppresseurs. Celui qui pardonne se met hors ce jeu, au risque de sa propre vie[1].

Avec Duquoc, nous affirmerions sans ambages que si le pardon représente un risque, c'est un risque à prendre à tout prix pour continuer à vivre. C'est un risque à prendre quotidiennement, chaque fois, en tout cas, que la vie est menacée par tout un ensemble de comportements négatifs, qui peuvent aller du soupçon à l'esprit de vengeance. Il nous semble que la méchanceté, dont nous avons rappelé l'existence dans notre premier chapitre, se doit de trouver chaussure à son pied, pour parler familièrement. On ne peut se permettre de la laisser proliférer en ne faisant rien pour la contrer. Surtout, comme le laisse entendre ce qui vient tout juste d'être dit, il est possible de trouver plusieurs bienfaits au pardon qui en justifient largement le risque.

3. Un risque bienfaisant

Les bienfaits reliés au pardon sont, de fait, multiples et de tous ordres. Sans comporter nécessairement le même poids, aucun n'est pour autant dépourvu d'intérêt. Ils s'attachent à celui qui le reçoit et à celui qui le donne. Ils s'étendent, par ailleurs, aussi bien à l'Église qu'au monde ou à l'histoire dans son ensemble. Encore faut-il les découvrir ! Nous songeons évidemment en ce moment à d'autres avantages que ceux signalés précédemment lorsque nous indiquions, par exemple, que pardonner à l'autre permet à chacun de recevoir de Dieu le pardon dont il a besoin ou, inversement, que le pardon reçu de Dieu permet à l'offensé de pardonner à son tour.

• Pour le pardonné

Tout le monde sera sans doute d'accord avec nous pour affirmer que l'offenseur a beaucoup à retirer du pardon de sa victime, lui qui, si on y regarde d'assez près, est souvent plus humainement abîmé que cette dernière. N'oublie-t-on pas trop facilement que l'offenseur se blesse lui-même en blessant son frère ou sa sœur? De fait, après sa faute, il a bien besoin d'être réhabilité à ses propres yeux ou, si l'on préfère, de retrouver sa dignité. Or, il est remarquable qu'un des bienfaits du pardon est précisément de rendre à l'autre sa dignité.

Quelques exemples du Nouveau Testament illustrent ce fait à merveille. Nous pensons à Jésus qui rend la dignité à la femme adultère, cette femme à qui, bien sûr, Dieu n'avait jamais retiré la dignité à cause de ses actions plus ou moins louables, mais qui avait néanmoins besoin de quelqu'un pour le lui dire. Nous pensons également à ces épisodes où Jésus appelle le paralysé: «Mon fils» (Mc 2, 5), la femme souffrant d'hémorragies depuis douze ans: «Ma fille» (Mc 5, 34). Nous nous souvenons de ce «Suis-moi» adressé par Jésus à Lévi assis au bureau des taxes, en Mc 2, 13. S'il y a eu quelqu'un sur cette terre pour discerner la valeur des personnes mises sur son chemin, et cela en dépit de leurs actes, c'est bien Jésus, n'est-ce pas? Son attitude, qui ne s'est jamais démentie, ne devrait-elle pas nous laisser soupçonner qu'il existe dans tout être quelque chose qui ne se voit pas à première vue?

Libéré du poids de son passé, mais tout autant de l'angoisse du futur, grâce au pardon, l'offenseur peut également exister au sens plénier du terme. En lui, la vie peut à nouveau se manifester dans toute son ampleur. Il échappe à ce terrible «tu ne dois plus exister» qui habite, plus ou moins consciemment, le cœur de celui qui ne peut retenir sa vengeance à l'égard de quelqu'un d'autre. Sensible à cette réalité, Jan Peters note ceci:

> Cette expérience du pardon confirme notre confiance de ne pas être superflus, de pouvoir exister, de n'être pas uniquement tolérés. Du point de vue de la spiritualité, on peut également se demander si la recrudescence des suicides n'est

pas en corrélation avec le manque de pardon. Dans le pardon vécu, l'être humain découvre qu'il n'est pas lui-même la source de sa vie: celle-ci est donnée. Il n'est pas étrange que dans la plupart des langues le radical du verbe «donner» paraisse encore dans par-donner. Dans le pardon vrai, cette vie «donnée» est acceptée, ainsi qu'une autonomie spécifique[2].

Dans un autre ordre d'idées, il est évident que le pardon de Dieu n'attend pas la conversion pour s'exercer. Pourtant, il y a tout lieu de croire, d'après le message évangélique sur le pardon, qu'il ne peut se passer d'elle. La femme adultère, à laquelle nous avons déjà fait allusion, n'a-t-elle pas été appelée par Jésus à un changement de vie? Ici encore, les bienfaits du pardon se donnent à voir puisque, semble-t-il, c'est le fait de se sentir aimée, reconnue, pardonnée, qui permettra à la personne de modifier son comportement, de faire appel aux possibilités secrètes mais réelles de changement qui se trouvent en elle. C'est par ailleurs ce même pardon qui la conduira au repentir, à un changement profond de l'esprit et du cœur, à la manière de Zachée dont Luc 19 rapporte l'itinéraire de salut. Somme toute, on ne manque pas de raisons de croire que

le pardon véritable, véritablement accepté, mène au repentir de la personne pardonnée, repentir qui se répercute à son tour sur l'acte originel du pardon et le dynamise. Si cette spirale du pardon humain se rompt, quelque chose a manifestement été de travers: ou bien notre pardon n'a pas été authentique ou bien la personne à qui s'adresse le pardon ne désire pas être pardonnée[3].

Dieu, qui travaille de manière invisible, saura bien toucher, en son temps, même le plus éloigné, par le biais de cet amour dont nous sommes appelés à témoigner quelque chose à toutes catégories de personnes, ainsi que nous l'apprend l'épisode de Zachée.

Toujours à ce chapitre des bienfaits du pardon sur la personne qui en profite, nous estimons qu'il contribue à redonner à celle-ci toutes ses chances. Il joue également un rôle de premier plan dans sa capacité de se connaître vraiment, de dépister, il faut le dire, cette tentation bien installée en elle de se réaliser au détriment des autres. En effet, croyons-nous, si dans le pardon reçu de Dieu quelqu'un en arrive à percevoir l'ampleur, la gravité du mal commis, pourquoi le pardon des autres ne remplirait-il pas un peu la même fonction, en permettant à la personne de découvrir la véritable dimension de l'offense causée, le pardon lui servant en quelque sorte de miroir?

Chemin d'amitié et de coopération, c'est fondamentalement grâce au pardon que l'histoire d'une personne pourra vraisemblablement échapper à ce qui paraît irréversible. C'est ainsi qu'Hannah Arendt souligne, nous semble-t-il, avec beaucoup d'à-propos:

> Si nous n'étions pardonnés, délivrés des conséquences de ce que nous avons fait, notre capacité d'agir serait comme enfermée dans cet acte unique dont nous ne pourrions jamais nous relever; nous resterions à jamais victimes de ces conséquences, pareils à l'apprenti sorcier qui, faute de formule magique, ne pouvait briser le charme[4].

On ne peut que se réjouir de la présence du pardon, car, sans lui, la méchanceté de l'autre ne connaîtrait, apparemment, pas de bornes, se perpétuerait à loisir, sans entraves.

- Pour le pardonneur

L'amour n'étant jamais blessé d'un seul côté, il est clair que les bienfaits du pardon seront aussi éminemment précieux chez celui qui pardonne. De fait, on constate non seulement qu'ils se font sentir chez lui sur le plan spirituel, mais qu'ils ont également des répercussions sur le plan physique.

Un des premiers sentiments éprouvés par l'offensé qui parvient à pardonner à un offenseur abordable, ou même inabordable si ce dernier ne regrette rien, se montre irresponsable, est inconnu, introuvable, voire mort, est sans contredit une grande paix intérieure. Avec cet apaisement vient, bien sûr, la sérénité et cette sorte d'anticipation du Royaume qui a pour nom le bonheur. L'expérience de la liberté intérieure n'est pas non plus négligeable. On remarque en effet que «le pardon libère les gens, leur permettant de porter attention à d'autres choses importantes dans la vie: c'est une œuvre d'amour d'autrui et de soi-même[5]».

En réalité, ce sont toutes les relations personnelles, toute la vie elle-même, qui sont vues différemment par suite du pardon accordé. C'est ainsi que le pardon assainit les relations, modifie le regard, permet à la personne de revoir les valeurs qui l'habitent, de ne pas rester prisonnière de quelques illusions qui pourraient dater de la tendre enfance, de ne pas devenir coupable à son tour. Le pardon accordé y est par conséquent pour quelque chose dans la croissance d'un être. Sans nier ou minimiser l'offense, le pardon contribue à faire que cette dernière ne régisse plus la vie de celui ou celle qui l'alloue. Loin de se limiter à transformer la vision du monde et des êtres, le pardon transforme aussi les sentiments, en particulier ceux de haine qui détruisent la vie à petit feu.

Plus encore: par le pardon, les impulsions d'agressivité sont transformées en cette forme suprême de miséricorde qui s'appelle l'amour de l'ennemi. La nécessité de s'affirmer soi-même face à l'autre, y compris en usant de la force violente, se transmue en cette praxis d'auto-liberté capable d'accepter l'autre, même au prix de soi-même[6].

À n'en pas douter, l'être humain a besoin d'exercer le pardon pour continuer à vivre. Les gens qui ne veulent pas pardonner, ou se disent incapables de le faire, ne peuvent rien changer à ce fait. L'être humain a besoin d'accorder son pardon pour mieux vivre et cela même physiquement. En effet, pratiquer le pardon n'est pas sans déteindre sur la santé. Alors que la colère, la crainte, l'agressivité, la culpabilité et autres sentiments négatifs sont néfastes pour la bonne marche de l'organisme, la santé est reliée, pour une bonne part, comme on sait, avec le fait pour quelqu'un d'être bien dans sa peau, d'avoir de bons rapports avec le monde et les individus qui l'entourent. N'est-il pas intéressant de constater, dès lors, que l'exigence évangélique du pardon, à l'instar d'autres préceptes, comporte des répercussions sur le plan humain? Malgré cela, il est vrai qu'il s'en trouvera toujours pour continuer à dire que Dieu ne s'intéresse pas à l'humain. C'est, à notre avis, ne rien connaître de notre Dieu. Pour notre part, nous aimons penser avec Thomas d'Aquin que «Dieu n'est offensé que dans la mesure où nous agissons contre notre propre bien[7]».

• Pour le monde dans son ensemble

De même que toute injustice et toute offense débordent celui qui en est victime à cause de la solidarité qui

unit tous les êtres humains, de même, pourrions-nous affirmer, le pardon et les bienfaits qui l'accompagnent débordent l'acte d'une victime pardonnant à son offenseur.
En lien avec cela, nous nous souvenons avoir déjà lu
qu'Amine Gemayel, ancien président de la République du
Liban, considérait le pardon comme la forme la plus noble
de la solidarité. Ceci nous était alors apparu, et nous apparaît d'ailleurs toujours, plein de bon sens.

Que le pardon soit non seulement une question de survie pour les individus, mais tout autant pour la société dans
son ensemble, ne devrait pas nous surprendre. Sans pardon, la vie en groupe serait infernale. Sans lui, on ne parviendrait jamais à sortir de situations inextricables, à mettre un frein à la méchanceté, à la spirale de la violence qui
déchire notre monde. Sans pardon, impossible non plus de
relancer l'histoire quand le besoin se fait sentir, de traiter,
comme il le mérite, ce cancer qu'est le péché en ses multiples incarnations.

Là-dessus, à nouveau, Jésus constitue pour tout le
monde une très grande source d'inspiration et d'action de
grâce, lui qui, en ne faisant pas payer les offenses commi-
ses à son égard, rompt, une fois pour toutes, avec la malédiction qui pèse sur l'humanité, brise définitivement le
cercle vicieux qui conduit de la vie à la mort, rend l'humanité en mesure de prendre un nouveau départ. Jésus n'a
pas craint d'affronter la mort et les puissances du mal sur
leur propre terrain. Si toute forme d'offense peut désormais être pardonnée, c'est parce que, sur la Croix, le pardon est allé aux limites du possible. Avec le pardon de
Dieu, comme avec tout pardon humain, c'est, en réalité, la
lumière qui prend le relais des ténèbres, lumière on ne peut
plus désirable pour les passionnés de la vérité, au nombre
desquels nous devrions être, tous et toutes.

• Pour la communauté ecclésiale

Les bienfaits du pardon, de tout pardon, ne sont pas sans se faire sentir aussi au sein de l'Église, communauté de croyants et de croyantes rassemblée en Jésus Christ mais souvent divisée pour toutes sortes de motifs. Née de la Croix du Christ, sommet de la réconciliation, elle n'a jamais fini d'accueillir ce premier et fondamental pardon afin de toujours mieux le proclamer, ainsi que le réclame sa mission, et de le faire passer toujours plus efficacement par elle, à travers un ministère qui lui est propre.

Une Église sans pardon n'en mériterait pas le nom. Pour tous et chacun de ses membres, c'est également une question de vie en abondance. La vie communautaire ne peut certainement pas se passer de ce pain quotidien qu'est le pardon, ce pardon qui, en brisant la loi de l'échange, est le seul à pouvoir offrir à quiconque, y compris aux membres du Corps du Christ, la possibilité d'un perpétuel recommencement en direction d'une vie qui débouche.

4. *Un risque qui prend tout son sens*
   dans le Dieu de Jésus Christ

Ce risque nécessaire et bienfaisant auquel nous faisons référence dans ce chapitre, nul doute que les croyants et croyantes seront stimulés à le prendre, et reprendre aussi souvent qu'il le faut, en devenant de plus en plus les disciples de Celui dont toute la vie a été placée sous le signe du pardon à ceux et celles qui en avaient le plus besoin: «Ce ne sont pas les bien-portants qui ont besoin de médecin, mais les malades.» (Mt 9, 12) Ils aimeront se rappeler que Jésus n'a jamais souhaité de malheur à ceux qui l'ont fait souffrir. Tout au plus se contentera-t-il de dire, en pensant à celui qui allait le livrer: «Il aurait mieux valu pour lui qu'il ne fût pas né, cet homme-là!» (Mt 26, 24)

Pour les croyants, il ne peut qu'être bénéfique de contempler souvent la Croix du Christ, espace privilégié de réconciliation, pardon en acte. Ils ne le feront jamais, bien évidemment, en laissant dans l'ombre la Résurrection, puisque c'est la Pâque, dans son ensemble, qui leur a valu d'être remis en harmonie avec eux-mêmes, avec les autres, avec Dieu, puisque c'est par elle que l'unité défigurée du genre humain a été renouvelée.

Nous avons eu l'occasion de le souligner à quelques reprises depuis le début, mais on ne le redira jamais trop, dans le pardon, c'est toujours Dieu qui joue le rôle principal. Toute expérience de pardon s'en remet à lui comme ultime point de référence, lui dont l'Esprit de création et de communion est capable de rétablir les situations les plus désespérées. Nos pardons, nos réconciliations mutuelles, ne peuvent être qu'une réponse à un amour premier, jamais défaillant, plus fort que toute séparation. Ils ne peuvent que s'inscrire dans le chemin du pardon ouvert par Jésus demandant pardon à son Père pour ses frères humains. Il importe d'en bien prendre conscience. Nous ne pourrions rien réaliser dans le domaine du pardon si Dieu ne nous avait pas réconciliés avec lui en Christ: «Tout vient de Dieu, qui nous a réconciliés avec lui par le Christ et nous a confié le ministère de la réconciliation. Car de toutes façons, c'était Dieu qui en Christ réconciliait le monde avec lui-même, ne mettant pas leurs fautes au compte des hommes, et mettant en nous la parole de réconciliation.» (2 Co 5, 18-19) Nous ne connaîtrions rien des bienfaits du pardon, bienfaits brièvement rappelés dans ces pages, sans la mort-résurrection du Christ qui, en rétablissant l'alliance de l'humanité avec Dieu, abattait simultanément le mur de séparation que le péché avait élevé entre nous, les humains.

Il ne nous reste, par conséquent, qu'à prolonger les bienfaits du pardon obtenus par le Christ dans sa Pâque. Il est fort probable que nous n'aurons pas toujours le courage de le faire spontanément, au moment même où les circonstances l'exigeraient. Pourquoi ne pas nous souvenir alors que le projet de communion entre l'homme et Dieu ne s'est pas réalisé en un instant, que la réconciliation définitive en Christ, acquise par son sang, n'est survenue qu'après plusieurs sacrifices, qu'après de nombreuses tentatives de réconciliation qui devaient toutes se révéler impuissantes, selon He 9, 12, à mener à son accomplissement la réconciliation rendue nécessaire? Il ne s'agit pas de chercher des excuses à nos lenteurs, mais de nous encourager à remonter à la source pour y puiser, toujours davantage, modèle et force pour une tâche qui n'a rien d'un luxe pour un baptisé-confirmé.

NOTES

[1] C. Duquoc, «Le Pardon de Dieu», *Concilium* 204, 1986, p. 57.

[2] J. Peters, «La fonction du pardon dans les relations sociales», *Concilium* 204, 1986, p. 20.

[3] G. Soares-Prabhu, «Comme nous pardonnons. Le pardon interhumain dans l'enseignement de Jésus», *Concilium*, 204, 1986, p. 82.

[4] H. Arendt, *La condition de l'homme moderne*, Traduction de l'américain par Georges Fradier, Paris, Calmann-Lévy, 1961, p. 301.

[5] R. Studzinski, «Se souvenir et pardonner. Dimension psychologique du pardon», *Concilium* 204, 1986, p. 34.

[6] M. Rubio, «La vertu chrétienne du pardon», *Concilium* 204, 1986, p. 110.

[7] Thomas d'Aquin, *Somme contre les Gentils*, III, 22.

Chapitre 4

UN ÉVÉNEMENT DE GRÂCE

Sans être très volumineuses, vous conviendrez sans doute avec nous que les pages qui précèdent n'en sont pas moins très substantielles. Il faut certainement plus de temps pour les assimiler que pour les parcourir. Elles gagnent par conséquent à être méditées pour en saisir toute la profondeur et pertinence. À la toute fin, nous évoquions les bienfaits du pardon dont on n'a pas de peine à s'imaginer qu'il représente une obligation de survie ordinaire et universelle pour toute société mais, plus encore, pour les croyants et les croyantes de toutes catégories, une disponibilité pour s'ouvrir à Dieu, aux autres et, finalement, au monde dans son ensemble. Il nous semble que le temps est maintenant venu de développer quelque peu ce qui a trait à la gratuité du pardon. Il s'agit d'un aspect qui lui communique énormément de grandeur. Nous avions hâte de l'aborder tellement ce point est riche et essentiel à un pardon bien compris. Nous le notions déjà dans l'introduction, il y a pardon et pardon et, en ce qui nous concerne, nous ne saurions nous contenter de présenter des demi-mesures de pardon.

I. Deux libertés face à face

Tous ceux et celles qui, un jour, ont eu besoin de pardon ont été à même de se rendre compte qu'il n'y avait pas moyen d'extorquer un tel geste de la part de l'offensé. En effet, impossible d'arracher à la force du poignet le pardon d'un époux, d'une épouse, d'un ami, d'un enfant, d'un parent, d'un collègue de travail ou de quelque membre que ce soit d'un groupe à qui un préjudice aurait été porté. Si un vrai pardon se produit, ce ne pourra être que parce que l'offensé le veut bien. De plus, c'est à ce dernier que revient d'en décider le moment.

Une constatation aussi simple que celle-là nous apprend quelque chose à ne jamais perdre de vue. Celui ou celle qui a blessé un autre se trouve au bout du compte totalement dépendant de cet autre, de son bon vouloir. Il peut supplier l'offensé de reprendre le contact, de renouer les anciens liens, seul l'offensé détient la clef du rétablissement normal de la relation. L'offenseur n'y peut rien. Il s'est mis dans une situation de dépendance pas facile à accepter.

Que l'offenseur souffre de sa dépendance à l'égard de l'offensé n'est pas très difficile à comprendre, surtout si cette personne n'est pas très dépendante de nature. Ce type de personnes grandit d'ailleurs de jour en jour, en ces années où, un peu partout, on insiste d'une manière particulière sur l'autonomie à acquérir, où l'on prône la liberté de la personne et où on lui donne la possibilité de développer celle-ci. Soit dit en passant, pareille autonomie, ou liberté, renferme à nos yeux beaucoup de bons côtés dont il faut absolument se réjouir. Il nous arrive souvent de dire qu'un vrai croyant se greffe sur un vrai homme, qu'une vraie croyante ne peut être qu'une femme la plus humainement accomplie possible, assurée que nous sommes que la grâce ne détruit pas la nature mais la perfectionne.

Par ailleurs, puisque nous en connaissons plusieurs qui, au nom de leur liberté, n'aiment pas reconnaître leur situation de créature toute dépendante de leur Créateur, nous en profitons pour rappeler que la dépendance reconnue et bien vécue avec Dieu contribue, aussi étonnant que cela puisse paraître, à rendre la personne plus libre. C'est fondamentalement une question de vérité, l'être humain ne pouvant pas ne pas dépendre de celui qui l'a créé. Et comme dirait Jean, dans un autre contexte, «la vérité fera de vous des hommes libres.» (Jn 8, 32)

Mais cette parenthèse étant faite, il est clair que l'offenseur n'a aucune prise sur ce qui peut être accordé ou refusé. Jean Laffitte a bien raison:

> Le pardon garde l'absolue liberté de se donner. Cette souveraineté sur le sort réservé à l'offense, et au-delà, à celui qui s'en est rendu coupable, est précisément ce qui constitue la précarité où s'est mis l'offenseur qui a déposé les armes. Dans cette expectative de pardon, du moins retrouvons-nous deux libertés face à face. La première s'est exprimée; il reste à la seconde tout à dire[1].

II. La gratuité à son meilleur

1. Un don plus que pécuniaire

Ce que nous venons d'expliciter nous amène en fait à affirmer le caractère gratuit du pardon. Ne tenons surtout pas trop vite pour acquis que tous et toutes comprendraient à fond le concept de gratuité. Spontanément, les gens savent que ce qui est gratuit ne coûte rien. Le plus souvent, ils rattachent le mot à une question d'argent. Pour le Petit Larousse, est gratuite une chose dont on jouit sans payer. C'est ainsi qu'on parlera d'une consultation gratuite, d'un concert gratuit, d'un voyage gratuit, d'un journal distribué gratuitement. Le même dictionnaire mentionne le crime gratuit, c'est-à-dire le crime commis sans motif rationnel, ou encore, sans fin apparente.

Bien sûr, souligner que quelqu'un reçoit gratuitement le pardon, c'est laisser entendre qu'il n'achète pas son pardon. Du côté de celui qui accorde le pardon, cela suppose qu'il n'exige rien en retour de son geste. Mais la gratuité qui consiste en cela se reconnaît à beaucoup d'autres choses encore. Ce «plus» caché dans le mot gratuité, nous le relions au fait que gratuité et grâce sont deux mots étroitement apparentés, bien mieux, ayant la même racine. Le gratuit relève finalement du domaine de la grâce, cette grâce dont il est souvent question dans l'Écriture et, plus particulièrement, dans le Nouveau Testament.

De Dieu, la Bible aime mentionner qu'il est grâce, c'est-à-dire riche en bienfaits et en miséricorde. C'est le cas, par exemple, dans Ex 34, 6: «Yahvé, Yahvé, Dieu de tendresse et de pitié lent à la colère, riche en grâce et en fidélité.» En fait, parler de la grâce de Dieu ou de Dieu comme grâce, c'est une seule et même chose. Pas de différence entre Celui qui donne et ce qu'il donne. Cela dit, la bienveillance de Dieu, qui culmine en Jésus Christ, se manifeste toujours librement, sans égard au mérite du bénéficiaire, comme en témoigne Ep 2, 7-9: «Ainsi, par sa bonté pour nous en Jésus Christ, il a voulu montrer dans les siècles à venir l'incomparable richesse de sa grâce. C'est par la grâce, en effet, que vous êtes sauvés, par le moyen de la foi; vous n'y êtes pour rien, c'est le don de Dieu.

Cela ne vient pas des œuvres, afin que nul n'en tire orgueil.»

Les passages du Nouveau Testament où il est dit que l'homme, passé du régime de la Loi au régime de la grâce, reçoit gratuitement, ne manquent pas. En voici deux parmi d'autres: «C'est la justice de Dieu par la foi en Jésus Christ pour tous ceux qui croient, car il n'y a pas de différence: tous ont péché, sont privés de la gloire de Dieu, mais sont gratuitement justifiés par sa grâce, en vertu de la délivrance accomplie en Jésus Christ.» (Rm 3, 22-24); «De même, dans le temps présent, il y a aussi un reste, selon le libre choix de la grâce. Mais si c'est par grâce, ce n'est donc pas en raison des œuvres, autrement la grâce n'est plus grâce.» (Rm 11, 5-6)

2. Un don non mérité

Qui dit «gratuité» dit, par conséquent, non mérité. Parler de gratuité à propos du pardon c'est faire allusion à un acte qui ne s'impose pas, qui n'est pas justifié par quoi que ce soit chez celui qui en deviendra le bénéficiaire. D'ailleurs, quand on y réfléchit sérieusement, on s'aperçoit rapidement qu'il n'y a pas de rapport possible entre la violence de l'autre et le pardon qui lui sera éventuellement accordé. En d'autres termes, il n'y a pas de raisonnement pour justifier pareil pardon. À certains jours, on est amené à découvrir que seul l'héroïsme de l'amour est en mesure d'expliquer la volonté de pardon. Sans compter que l'autre n'aide pas toujours la personne blessée à lui pardonner, d'où la tentation toujours présente chez l'offensé de demander paiement en nature à l'offenseur.

On se mettra donc d'accord pour avancer que rien ne nécessite en soi un geste de pardon, à moins qu'on ne veuille parler d'amour qui, en tant qu'amour vrai, ne peut se replier ou encore se refermer sur lui-même. Il n'y aurait pas alors à s'étonner que l'Écriture qui parle tant d'amour insiste en même temps sur le pardon, les deux, pour elle, allant de pair. Néanmoins, cela ne change rien au fait que, de l'extérieur, rien ne peut laisser prévoir un tel comportement. Ce n'est certainement pas parce que quelqu'un avouerait être devenu meilleur, avoir changé depuis sa bévue, qu'il pourrait pour autant faire valoir quelque droit au pardon, même si, objectivement, il en a grandement besoin. Après cette dernière observation, certains penseront peut-être que nous manquons de cohérence avec une idée exprimée auparavant. Pas du tout. Il va de soi que le fait pour quelqu'un de demander pardon, d'avouer sa culpabilité, d'exprimer sa sincérité, peut aider l'offensé à pardonner, à réprimer, à tout le moins, son désir spontané de vengeance. Toutefois, cela ne modifie aucunement notre propos actuel à l'effet que le pardon conserve l'absolue liberté de se donner. En somme, qui dit «gratuité» dit non basé sur un droit, ou, pour parler plus positivement, effusion d'un cœur aimant.

3.   Un don qui oublie son propre intérêt

La gratuité de l'amour, où s'enracine la gratuité du pardon, suppose encore que quelqu'un oublie son propre intérêt, comme le lui rappelle éloquemment le beau passage de la Première Épître aux Corinthiens sur l'amour fraternel. Parmi les caractéristiques d'un authentique amour fraternel, 1 Co 13 note, en effet, la très exigeante consigne de ne pas chercher son intérêt à laquelle doivent tendre tout croyant et toute croyante: «L'amour prend patience, l'amour rend service, il ne jalouse pas, il ne plastronne pas, il ne s'enfle pas d'orgueil, il ne fait rien de laid, il ne cherche pas son intérêt, il ne s'irrite pas, il n'entretient pas de rancune, il ne se réjouit pas de l'injustice, mais il trouve sa joie dans la vérité. Il excuse tout, il croit tout, il espère tout, il endure tout.» (1 Co 13, 4-7)

Nous avons le goût d'ajouter ici que le vrai pardon est tellement gratuit, qu'il recherche si peu son intérêt, que celui qui le donne n'est pas certain que l'autre accomplirait le même acte en sa faveur, s'il venait à en avoir besoin à son tour. La seule assurance du pardonneur lui vient d'un texte comme celui de Mt 6, 14-15: «Si vous pardonnez aux hommes leurs fautes, votre Père céleste vous pardonnera à vous aussi; mais si vous ne pardonnez pas aux hommes, votre Père non plus ne vous pardonnera pas vos fautes.»

4. Un don qui prolonge la générosité de Dieu

Celui qui pardonne par amour, sans rechercher son intérêt personnel, n'est pas sans ressembler à Dieu, sans reproduire quelque chose de son comportement à l'endroit du peuple choisi, comme aussi à l'égard de chaque membre à l'intérieur du peuple. Ici il n'est pas trop fort de reconnaître que le pardon constitue chez celui qui le donne une très grande manifestation de sa foi en Dieu, ce Dieu dont Dt 7 rapporte qu'il n'a pas choisi son peuple pour les raisons qu'on pourrait supposer. Seuls l'amour et la réalisation des promesses faites aux pères sont en mesure, semble-t-il, d'expliquer l'agir de Dieu: «Si Yahvé s'est attaché à vous et vous a choisis, ce n'est pas que vous soyez le plus nombreux de tous les peuples: car vous êtes le moins nombreux d'entre tous les peuples. Mais c'est par amour pour vous et pour garder le serment juré à vos pères, que Yahvé vous a fait sortir à main forte et t'a délivré de la maison de servitude, du pouvoir de Pharaon, roi d'Égypte. Tu sauras donc que Yahvé ton Dieu est le vrai Dieu, le Dieu fidèle qui garde son alliance et son amour pour mille générations à ceux qui l'aiment et gardent ses commandements, mais qui punit en leur propre personne ceux qui le haïssent.» (Dt 7, 7-10)

Ainsi, comme la foi toute gratuite, le pardon est absolument gratuit. Reçu gratuitement, c'est tout aussi gratuitement qu'il doit être donné à ceux qui nous ont offensés. Il est primordial de ne jamais négliger le pardon de Dieu. Il nous faut sans cesse nous redire que la fidélité appelle la fidélité. Il importe également de ne jamais perdre de vue que le pardon, notre pardon, est une œuvre dans la logique de l'attachement bien spécial de Dieu envers tous et chacun d'entre nous. Alors que précédemment nous avons souligné que le pardon reçu dont quelqu'un prenait conscience facilitait le pardon à donner ou, si vous préférez, qu'il était utile de situer le pardon donné dans la logique du pardon reçu, ici l'occasion est belle de rappeler que le pardon à accorder à un frère ou à une sœur non seulement prend son sens mais est grandement facilité, pour chacun et chacune, par la prise de conscience suivante: parce que Dieu m'a fait miséricorde, je ferai aussi miséricorde; parce que Dieu m'a pardonné, je pardonnerai à mon tour. Le moins qu'on puisse dire, c'est qu'on est loin, à ce moment-là, d'un volontarisme qui, de toute manière, ne peut jamais se maintenir longtemps à niveau. Seul celui qui réalise tout l'amour dont il fait l'objet saura pardonner en remplissant les diverses exigences attachées au véritable pardon.

Pour continuer de présenter le fond de notre pensée, nous estimons que l'*agapè* chrétien, qui inclut le pardon, ne s'explique pas véritablement en dehors de la démarche de Dieu prenant les devants, en dehors de son initiative d'aller le premier vers la personne. Et ce qui est merveilleux à propos de la gratuité de Dieu, c'est que cette bienveillance rejoint le désir humain en ce qu'il a de plus profond et de plus intime. Ce n'est pas sans raison qu'on voit alors, entre autres, dans l'Incarnation, la réponse à un cri, à un regard angoissé jeté sur Dieu. Quand il vient vers nous en son Fils Jésus Christ, Dieu ne remplace donc pas le désir humain mais infiltre en celui-ci une puissance de dépassement et de guérison. C'est très différent! Faut-il préciser que l'*agapè* chrétien situé dans le sillage de l'*agapè* de Dieu ne réussira jamais, bien évidemment, à être aussi gratuit que le sien. Tout ce qui est demandé au croyant et à la croyante, c'est de chercher à s'en approcher, de maintenir l'idéal à l'horizon, étant entendu que le vrai pardon constitue pour l'être humain une réalité limite jamais parfaitement atteinte.

Il n'est pas impensable non plus que quelqu'un refuse de recevoir un pardon offert gratuitement. Plusieurs le savent par expérience, l'autre conserve toujours la possibilité de refuser le pardon gracieusement accordé. Qui pourrait exiger que son pardon soit accepté? Toutefois, rien ne devrait empêcher pour autant celui qui voit rejetées ses avances de continuer à offrir son pardon, nonobstant le manque d'accueil, la non-compréhension par l'autre du geste fait pour lui. Car, nous rappelle Joseph Moingt:

> La liberté se prend en se donnant. Personne n'est vraiment libre, vraiment humain, tant qu'il fait d'un autre son esclave en le soumettant à la violence de son droit, tandis que l'acte de gratuité du don est l'expérience d'un enrichisse-

ment en humanité. Les chances que le pardon l'emporte sur la violence, c'est la contagion de la liberté. La force du droit est à elle seule incapable d'éradiquer la violence puisqu'elle en fait usage; seule peut la désarmer la renonciation de l'offensé à son droit, car la gratuité ne laisse pas de reste, sinon la provocation de l'offenseur à rentrer en soi-même: «Si quelqu'un te gifle sur la joue droite, tends-lui aussi l'autre.» (Mt 5, 39[2])

5. *Un don pour rien*

Répétons-le, parce qu'elle aura su reconnaître le don de Dieu envers elle, une victime en arrivera d'autant plus aisément à se comporter en vrai disciple du Christ, à incarner un pardon qui ne compte pas, ne mesure pas, ne calcule pas, seul pardon qui, en réalité, reproduit quelque chose de la miséricorde de Dieu. Il va sans dire que cette façon de faire n'est pas sans aller à l'encontre du désir naturel de l'être humain de tout peser, de tout calculer. Il nous vient ici à l'idée d'établir un lien avec ce qui se passe dans l'amour. N'est-on pas naturellement porté à aimer ceux et celles qui sont aimables, qui peuvent nous rendre quelque chose en retour d'une bonté? Si c'était le cas, il y aurait alors vraiment profit à méditer Lc 6, 32-36 puisque ce qui nous est dit là concernant la façon d'aimer peut, vraisemblablement, s'appliquer au pardon, que nous qualifierions volontiers d'amour très particulier: «Si vous aimez ceux qui vous aiment, quelle reconnaissance vous en a-t-on? Car les pécheurs aiment aussi ceux qui les aiment. Et si vous faites du bien à ceux qui vous en font, quelle reconnaissance vous en a-t-on? Les pécheurs eux-mêmes en font autant. Et si vous prêtez à ceux dont vous espérez qu'ils vous rendent, quelle reconnaissance vous en a-t-on? Même des pécheurs prêtent aux pécheurs pour qu'on leur rende l'équivalent. Mais aimez vos ennemis, faites du bien et prêtez sans rien espérer en retour. Alors votre récompense sera grande, et vous serez les fils du Très-Haut car il est bon lui, pour les ingrats et les méchants.»

À n'en pas douter, un passage comme celui-là nous renvoie bel et bien à l'ordre de la grâce. Comment ne pas le rapprocher d'un autre passage bien connu, écrit par le même Luc, et faisant état, cette fois, du serviteur qui n'a fait que son devoir! Relisons Lc 17, 10, ne serait-ce que pour réentendre affirmer le fait que nul n'est indispensable au service du Seigneur: «De même, vous aussi, quand vous avez fait tout ce qui vous était ordonné, dites: "Nous sommes des serviteurs inutiles. Nous avons fait seulement ce que nous devions faire."»

Vous voulez savoir pour quelle raison il nous faut pardonner? Prenez attentivement connaissance de ce qui suit:

> Pourquoi pardonnons-nous? Il faut répondre: pour rien. Quand le crime est un crime, seul le pardon est efficace. Le pardon est en dehors de la sphère du juridique. Il relève d'un monde de la relation qui ne tombe pas sous les sens, qui ne rapporte rien à ses participants, qui est même utopique quand on le compare au monde de la réalité quotidienne; il est, comme nous le disions, métaphysique; d'autres l'appellent religieux. Ce monde est celui que la Bible fait reposer sur le simple principe de l'amour du prochain comme soi-même et qui va au-delà de la loi et de la justice quand, bien sûr, la loi et la justice sont enfin respectées[3].

Vous aurez probablement remarqué l'allusion à la justice faite par l'auteur. Nous reviendrons longuement sur la relation à faire entre le pardon et la justice. Pour le moment, contentons-nous de noter que parler de «pardon pour rien» signifie n'attendre aucune gratification, aucune indemnisation, ni aucune récompense, sinon celle de l'eschatologie. Cette dernière mention d'une récompense possible dans l'au-delà ne contredit évidemment pas l'idée de gratuité inhérente à un pardon digne de ce nom. En effet, n'oublions jamais que la récompense promise par le Seigneur se situe à un tout autre niveau:

> [...] qu'une récompense soit attribuée à l'acte d'aimer ses ennemis: c'est la reconnaissance qu'il est un acte authentiquement humain. La récompense promise dans les cieux n'est pas contradictoire de la gratuité de cet amour des ennemis qui n'attend rien en retour; mais comme elle se situe au plan eschatologique, elle n'a donc pas de commune mesure avec une gratification humaine escomptée: ce qui est récompensé, c'est finalement la gratuité qui exclut le calcul[4].

6. Un don qui exclut le marchandage

Dans le prolongement de l'idée du «pardon pour rien», il n'est peut-être pas inopportun de dire quelques mots sur le marchandage qui guette l'acte de pardonner. Si nous y faisons référence, c'est pour signaler qu'il est à éviter à tout prix. Pour nous en convaincre, reportons-nous à l'attitude de Jésus. Jésus ne commence pas par dire à la pécheresse publique: «Si tu promets de ne plus pécher, alors [...].» Pas du tout. Bien au contraire, c'est le pardon inconditionnel de Dieu à cette femme qui lui permettra de se relever. Autrement dit, le pardon ne couronne pas l'effort mais le rend possible. Il ne s'agit jamais d'attendre de recevoir pour donner. À ce propos, ne connaissez-vous pas un tas de gens disposés à pardonner, mais à condition que l'autre s'excuse, change, mérite leur pardon, remplisse certains critères délimités par eux?

Pourtant, ceux et celles qui nous ont fait du mal ont grandement besoin que nous leur portions un amour qui ne pose pas de condition. Nos frères et sœurs attendent souvent qu'on les aime pour devenir meilleurs et nous, très souvent, nous attendons qu'ils soient meilleurs pour les aimer. Et en signalant cela, nous ne sommes pas sans penser à Jésus qui vient complètement chambarder la manière de procéder de Jean le Baptiste. Alors que Jean est disposé à recevoir à son baptême ceux qui se sont déjà convertis afin d'être en mesure d'accueillir le Seigneur qui vient, qui ont déjà effectué tout un travail d'ascèse, Jésus, de son côté, court après les gens, et c'est précisément parce qu'il va vers les brebis perdues que celles-ci pourront à l'avenir produire les fruits de conversion attendus. Quelle pédagogie différente!

7. *Un don qui ne vise pas la bonne conscience*

On aura compris que le donnant, donnant n'a pas sa place dans un véritable pardon. Certaines concessions ne sont guère plus acceptables. Quelqu'un ne devrait jamais se surprendre à dire, ou même à penser, quelque chose du genre: «Oui, je lui pardonne, en dépit du fait qu'il soit détestable.» Pas question non plus pour quelqu'un de chercher à se donner bonne conscience en pardonnant, même s'il n'est pas du tout déplaisant de se sentir bon à ses propres yeux. Celui ou celle qui pardonne devrait, par ailleurs, éviter de tenter d'obtenir des compliments, des félicitations de la part des personnes qui auraient pu avoir connaissance du pardon accordé puisque pareille attitude, qui n'a rien du désintéressement, cadre mal, elle aussi, avec le pardon au sens le plus noble du terme.

Autant reconnaître, en cette fin de chapitre consacré au pardon comme événement de grâce, qu'on ne pardonne pas pour être quelqu'un de très bien. D'ailleurs, Jacques Pohier écrit:

> Nous avons une conception spiritualiste du pardon qui considère le pardon comme un joyau de l'âme. [...] Nous considérons le pardon comme une vertu dont le bénéficiaire serait le vertueux. Mais ce qui compte, ce n'est pas tellement ce que ça coûte ou ce que ça rapporte à celui qui pardonne, mais le bien que cela fait, ce que ça rapporte à celui qui est pardonné[5].

Par conséquent, attention aux faux pardons, attention aux pardons superficiels motivés par le désir d'obtenir quelque chose de quelqu'un et qui, par le fait même, ne vont pas jusqu'au fond du cœur. Décidément, il y a pardon et pardon!

NOTES

[1] J. Laffitte, *Le pardon transfiguré*, Paris, Éditions de l'Emmanuel/Desclée, 1995, p. 63.

[2] J. Moingt, «L'imprescriptible fondement», *Pardonner*, Bruxelles, Publications des Facultés universitaires Saint-Louis 65, 1994, p. 92.

[3] A. Abecassis, «L'acte de mémoire», *Le pardon. Briser la dette et l'oubli*, Paris, Éditions Autrement — Série Morales n° 4, 1993, pp. 147-148.

[4] J. Laffitte, *Le pardon transfiguré*, p. 152, cité *supra*, n° 1.

[5] J. Pohier, «Questions sur le pardon», *Vie Spirituelle* 131, 1977, p. 217.

Chapitre 5

UN ACTE DE MÉMOIRE

Il y a fort à parier que le titre donné à ce chapitre en intrigue plus d'un et plus d'une. Ne laisse-t-il pas entendre que le pardon serait en lien avec un certain souvenir? Or, pour plusieurs, le pardon suppose l'oubli et c'est précisément parce qu'ils ne parviennent pas à oublier qu'ils en viendront à se dire incapables de pardonner. Cette conception passablement répandue mérite, semble-t-il, d'être revue, car elle ne rejoint pas la véritable nature du pardon. Nous avons donc pensé expliciter brièvement ce qui a trait au pardon comme acte de mémoire, assurée que cet autre aspect fondamental du pardon ne serait pas sans éclairer plusieurs personnes habituées à prôner l'oubli en rapport avec le pardon et, plus encore, sans leur indiquer que la difficulté de pardonner ne devrait pas être mise là inutilement.

1. Un rappel

Pour bien comprendre ce que nous voudrions mettre en lumière dans les paragraphes qui suivent, sans doute faut-il commencer par se rappeler ce sur quoi porte le pardon. Cette tâche ne devrait pas être actuellement trop ardue puisque, dès le début de cette étude, nous avons pris soin de noter que la matière du pardon ce sont les offenses, les vraies offenses, c'est-à-dire celles qui laissent des traces, des cicatrices difficiles à guérir dans la personne qui les subit. S'il est vrai, comme nous avons essayé de le montrer, que le domaine du pardon est celui de l'offense, pourquoi donc, pour pardonner, faudrait-il en arriver à se comporter comme si rien ne s'était passé? N'y aurait-il pas là quelque chose de contradictoire?

De fait, le pardon ne consiste jamais à faire comme si rien n'était arrivé entre deux êtres. Perçu ainsi, le pardon représenterait une solution de facilité, ce qui est loin d'être le cas. Non, il s'est passé quelque chose et, de part et d'autre, on ne peut nier que ce qui a été fait ait bel et bien été fait. Il ne servirait à rien de rêver à un retour pur et simple à la situation antérieure. Quelque chose d'irréversible s'est produit.

Bien sûr, il n'est pas défendu à celui qui a été blessé d'essayer de tourner la page (c'est parfois tout ce qu'il peut faire quand l'offenseur ne veut rien savoir ou qu'il refuse de reconnaître ses torts), il ne lui est pas défendu non plus de faire des efforts pour ne pas en vouloir à l'autre outre mesure. Mais cela dit, il n'en demeure pas moins vrai que personne ne peut changer quoi que ce soit à ce qui est survenu auparavant et, surtout, ce ne sont pas ces attitudes qui constituent le pardon. En réalité, loin de chercher à chasser à tout prix de sa mémoire ce passé délictueux, sans jamais pouvoir espérer y parvenir complètement d'ailleurs, celui qui veut pardonner doit, au contraire, garder tout cela très précieusement en tête. Pourquoi? Tout simplement parce que l'oubli, ou même l'insensibilité, ferait disparaître le besoin de pardonner.

Cette constatation est importante. On ne doit jamais perdre de vue que oubli et pardon, ça ne peut pas aller ensemble. Le pardon porte toujours sur quelque chose de réel. Y pensons-nous suffisamment? Du moins, saisissons-nous bien l'enjeu du problème? Selon Armand Abecassis, il faut se souvenir de la faute non seulement pour qu'il y ait pardon mais, également, pour que le pardon soit efficace. Il explique sa pensée à partir de l'expérience d'extermination des Juifs dans les camps de concentration:

> Les Juifs doivent de même parler de la Choah, l'écrire, la filmer, l'enseigner et en transmettre les significations de génération en génération, non par névrose, rancune ou ressentiment, mais parce qu'ils savent que la condition du pardon est la mémoire de la faute, et qu'il ne peut être efficace que par la conscience claire des conséquences inhumaines et incroyables du crime sur l'être de la victime et du coupable[1].

2. Pardonne, n'oublie pas

Vous ne nous en voudrez certainement pas d'insister un petit peu là-dessus, car, souvent, quand une personne déclare: «Je ne peux pas pardonner», elle pense en elle-même: «Ça, je ne pourrai jamais l'oublier», comme s'il fallait obligatoirement identifier refus ou impossibilité d'oublier avec refus de pardonner. Cette manière de voir est erronée. À ce propos, nous aimons ce qu'affirme Mary Balmary dans *Le sacrifice interdit*. Elle exprime très bien, en tout cas, ce que nous tentons de démontrer en ce moment:

> Remettons-nous les dettes à ceux qui nous doivent sans avoir connaissance de cette dette? Certainement pas. Et bien sou-

vent, nous ne pouvons savoir ce qui nous est arrivé qu'au moment où nous nous apprêtons à le refaire[2].

Apparemment, ce ne serait donc pas rendre service à un ami, à une personne intime, que de lui conseiller, comme on l'entend fréquemment: «Essaie d'oublier, tu verras que, de cette manière, tu finiras bien par pardonner à celui ou celle qui t'a fait du mal.» Encore une fois, le pardon perdrait sa véritable raison d'être. De toute façon, avez-vous déjà lu quelque part dans les Évangiles que Jésus aurait demandé à ses disciples d'oublier? Et Dieu sait s'il a insisté sur le pardon en paroles et en actes! On ne le répétera jamais trop. Non seulement ce ne serait pas rendre service à quelqu'un que de l'inviter à oublier la faute, ou encore à s'imaginer que cette dernière n'est pas si grave que cela après tout, mais pareille mentalité en viendrait à dissoudre l'exigence du pardon.

Miller en est bien conscient. Il serait certainement difficile d'être plus clair que lui sur le sujet:

> Peut-on seulement parler de pardon lorsque vous savez à peine ce que l'on vous a vraiment fait et pourquoi on vous l'a fait? [...] Le véritable pardon ne passe pas à côté de la colère mais il passe par elle. C'est seulement à partir du moment où j'ai pu me révolter contre l'injustice qui m'a été faite, lorsque j'ai identifié la persécution en tant que telle et pu haïr mon bourreau, que la voie du pardon m'est ouverte[3].

Soit dit en passant, ne serait-ce pas justement ce qu'avaient compris les responsables de la construction du Mémorial de la Déportation à Paris? Ayant eu, plus d'une fois, l'occasion de visiter, pendant notre séjour d'études à Paris, ce Mémorial érigé à la mémoire des Français morts dans les camps de concentration allemands, nous avons toujours été frappée par cette inscription au-dessus de la porte: «Pardonne, n'oublie pas...» Cette devise ne saurait mieux traduire le thème de cette section. Elle donne à réfléchir, à beaucoup réfléchir, tellement elle bouscule nos manières habituelles d'envisager le pardon. Elle ne peut que nous provoquer à la conversion. À vrai dire, ce n'est

qu'en nous convertissant à la façon d'agir du Seigneur que nous pourrons pardonner vraiment, en gardant pourtant plein souvenir des blessures du passé. C'est en nous convertissant aux façons d'agir du Seigneur que les blessures du passé seront guéries sans être pour autant oubliées, que les anxiétés seront remplacées par la paix intérieure et les peines du passé converties en joie[4].

Et puis, vous vous souvenez sans doute de notre présentation du pardon par rapport au risque. N'était-ce pas déjà une manière sous-entendue de reconnaître que, pour pardonner, il ne fallait précisément pas oublier? Si vous pouviez demander là-dessus l'avis de Christian Duquoc, il vous dirait qu'il en est personnellement convaincu:

Si le pardon était oubli ou laxisme, celui qui pardonne ne risquerait pas sa vie. C'est justement parce qu'il prend racine dans la vérité de la victime qu'il dérange l'offenseur ou l'oppresseur. Accepter le pardon, c'est reconnaître que le point de vue du rejeté révèle la vérité folle de l'oppresseur[5].

3. Pas souhaitable d'oublier

Compte tenu des observations accumulées jusqu'ici, on aura saisi que le pardon n'a de sens qu'en fonction de la souffrance endurée et acceptée comme telle. Mais n'y aurait-il pas d'autres raisons susceptibles d'aider quelqu'un à comprendre qu'il n'est pas souhaitable d'oublier pour pardonner? Semble-t-il que oui. Et c'est ici qu'il faudrait songer au fait qu'en oubliant l'offense, quelqu'un s'expose non seulement à oublier ce qui s'est passé, mais, du même coup, à oublier la personne à l'origine de cette offense. Ce qui se produit alors, c'est la rupture. Autrement dit, en oubliant les actes passés, quelqu'un en arrive à ne plus rien vouloir savoir de son offenseur. Il jette, pour ainsi dire, le bébé avec l'eau du bain. C'est grave!

Personnellement, nous sommes redevable au professeur Vladimir Jankélévitch d'avoir attiré sérieusement notre attention sur ce point, lorsqu'il écrit dans son volume souvent cité sur le pardon:

> Le frivole dit bonsoir et bonne nuit à ses amis; il s'écrit: au diable l'offense et la rancune! [...] Hélas! laisser tomber et envoyer promener et tourner la page, ce n'est pas avoir des relations avec quelqu'un, c'est plutôt rompre tous rapports: le prochain est, avec les soucis et les vieux cauchemars, jeté par-dessus bord. [...] «Comment s'en débarrasser» n'est pas un problème moral[6].

Ne passons pas trop vite là-dessus!

Mais ce n'est pas tout. Oublier les injures, ignorer les blessures pourrait entraîner à l'avenir la répétition des mêmes offenses et, cette fois, par l'offensé lui-même. Réfléchissons un peu. Ne faut-il pas avoir ressenti soi-même profondément une blessure pour être conscient de tout le mal que nous sommes capable d'infliger à notre tour à quelqu'un d'autre, souvent sans même nous en rendre compte? Nous affirmerions volontiers avec Virgil Elizondo:

La mémoire peut être un grand maître, et même une source de croissance et de développement dans nos facultés de sensibilité à autrui. Les blessures transformées par l'amour peuvent être la plus grande source de compassion pour les blessures des autres. Les souvenirs même des peines de l'offense, guérie par la foi en Jésus, peuvent être les plus grandes sources d'un très fructueux ministère de réconciliation dans l'humanité douloureuse d'aujourd'hui[7].

4. Voir différemment la réalité

Si le véritable pardon accepte de considérer sans crainte la réalité, il n'en voit pas moins celle-ci différemment. Il ne s'agit pas d'oublier mais de transcender, de passer délibérément sur ce qui a été fait. Il s'agit de regarder le crime en face et de choisir de ne pas en tenir compte dans les relations avec le coupable. Ce n'est pas du tout la même chose. Ne vous inquiétez pas, nous reviendrons plus loin sur cette observation.

Pour le moment, reconnaissons que, sans ignorer le mal commis, sans l'approuver, bien évidemment, «pardonner» signifie que quelqu'un ne fait pas de l'acte offensant la base de sa relation à l'autre. En d'autres termes, celui ou celle qui pardonne est appelé à recommencer à l'intérieur d'une mémoire intacte. À cet égard, le point de vue de Studzinski est incontournable:

> Pardonner, c'est accepter ce qui est arrivé comme du passé, et non comme le dernier mot sur autrui et sur soi. C'est un acte d'intégration où l'événement pénible s'incorpore à l'histoire personnelle comme un événement passé, mais qui n'hypothèque pas l'avenir[8].

5. *Mémoire active et mémoire passive*

En cherchant à approfondir cette idée que le pardon n'a rien à voir avec l'oubli, nous avons été amenée à prendre conscience de la nécessité d'établir une distinction entre ce qu'on a appelé une mémoire active et une mémoire passive. Afin de n'égarer personne, soulignons tout de suite que ce que nous avons développé jusqu'ici concernant l'importance de ne pas oublier l'outrage subi pour être en mesure de pardonner comme il convient, se rapporte en fait au premier type de mémoire, à savoir la mémoire active. Toutefois, à bien y penser, ce n'est probablement pas tant celle-là que la mémoire passive qui est en cause, dans l'impossibilité rencontrée par quelqu'un de pardonner, comme le fait remarquer Jean Laffitte. Pour ce dernier,

> L'obstacle est précisément le souvenir de l'offense qui revient à l'esprit de manière spontanée. Une offense subie resurgit sans cesse dans le champ de conscience. La volonté de pardonner se heurte alors à une intégration du passé qui ne se fait pas.

Et le même auteur d'ajouter un peu plus loin:

> La victime qui veut pardonner est toujours confrontée à la nécessité de transformer le souvenir douloureux dans la mémoire active, où il cessera d'être subi pour prendre sa véritable place d'événement passé. La mémoire passive est de l'ordre de l'expérience; elle comprend une charge affective véhiculée par les images pénibles dont la fausse actualité conduit la victime à ne plus avoir avec le temps un rapport réel: le souvenir est transformé en une expérience nouvelle et douloureuse de l'offense. C'est le patrimoine de la mémoire passive qui est motif de souffrance: son pouvoir est irrationnel[9].

Si nous comprenons bien ce qui vient d'être mis en lumière par Jean Laffitte, la difficulté de pardonner ne viendrait donc pas de la mémoire active, celle sur laquelle pourtant les gens essaient spontanément de travailler afin d'en arriver à pardonner. Ceux et celles qui ont à pardonner devraient plutôt faire porter leurs efforts sur la mémoire passive, dans le sens mentionné ci-dessus, et laisser fonctionner à plein la mémoire active, le contenu de cette dernière étant, répétons-le, essentiel au véritable pardon.

Pour être honnête, dans nos lectures sur le pardon, nous n'avons pas retrouvé ailleurs cette distinction, éclairante à nos yeux, entre mémoire active et mémoire passive. Studzinski nous paraît néanmoins partager quelque chose de cette intuition, même si dans son article auquel nous avons déjà fait référence, et que plusieurs n'auront peut-être pas l'occasion de consulter en entier, il a une manière bien à lui d'évoquer le pardon en tant qu'acte de souvenir. Ce qu'il présente à cet endroit vaut très certainement la peine d'être connu, et exploité, par les personnes soucieuses d'un pardon toujours plus digne de ce nom. Voilà pourquoi, en ce qui nous concerne, nous ne résistons pas à l'envie de vous livrer ce long extrait:

Ce qui pousse au pardon, c'est une offense qui est gardée en mémoire de telle sorte qu'elle revient à la conscience pour réinfliger sa peine. Pareil souvenir est chargé d'une énergie émotionnelle négative et peut ainsi facilement se présenter à l'esprit comme un fardeau à porter dans le présent. [...] Il y a dans le pardon une dimension de profondeur dans la mesure où l'on découvre fréquemment des liens avec d'autres blessures passées auxquelles il faut porter attention. Ce que fait le pardonneur en se remémorant les offenses passées et ce qui change radicalement la situation, c'est qu'il se libère des sentiments négatifs ou qu'il s'en décharge. On se décharge de la colère et du ressentiment envers l'oppresseur qui rendaient les souvenirs pesants. Cette décharge des émotions négatives est possible parce que, dans le pardon, on ne se contente pas de voir simplement dans l'autre une personne qui s'est rendue coupable d'un affront. Sans nier ce qui peut avoir été une conduite malintentionnée, le pardonneur dégage l'offenseur de son comportement et voit la valeur réelle de l'autre en tant que personne humaine qui, comme le pardonneur lui-même, vit dans un monde imparfait, plein de stress et de toutes sortes de conflits. En fixant l'attention sur la valeur de l'autre, le pardon est un acte révélateur[10].

6. *Le vrai défi*

Les quelques éléments que nous venons de faire ressortir ne sont pas sans nous convaincre, ou nous convaincre davantage, si nous l'étions déjà, que le pardon n'a rien d'un geste aveugle. À n'en pas douter, fuir la réalité rendrait quelqu'un inapte au pardon. Par conséquent, loin d'être un oubli, même si, sous un certain angle, cela pourrait aider quelqu'un qui y parviendrait à pardonner, le véritable pardon représente un acte positif. À ce titre, il est tout à fait approprié de parler de mémoire en relation avec lui, mais à condition, et on en conviendra avec nous, que ce ne soit pas dans un sens banal. Le sens attribué au mot mémoire par Olivier Abel échappe à ce piège par son exigence et ouverture. N'est-ce pas lui qui, parlant de mémoire, y voit «la mémoire d'une promesse, d'un "désormais tout sera autrement", le rêve par lequel un jour on se réveille et tout est lavé, tout est là[11]»? Duquoc dirait de son côté: «Le pardon n'est pas l'oubli, il est le risque d'un avenir autre que celui imposé par le passé ou la mémoire[12].» En somme, le vrai défi qui est lancé à tous et à chacun ne consiste pas à excuser, ni, comme on le fait souvent, à ramasser ses énergies pour oublier, mais bien à mobiliser tout son être en vue du pardon dans le sens le plus profond du terme.

7. Ne pas canoniser le mal

Faut-il ajouter que qui dit «pardon» ne dit pas invitation à tolérer le mal? Oui, gare à la fausse tolérance! Les croyants et les croyantes se doivent, plus que quiconque, d'extirper toute forme de mal et d'oppression, au nom même de leur foi. Il y a tout lieu de croire que le pardon qui ne combattrait pas vigoureusement l'injustice serait un signe de faiblesse. Il n'y a donc pas à s'étonner que Jean Sobrino insiste tant, pour sa part, sur ce qu'il appelle le pardon de la réalité mauvaise, ou, pour traduire différemment cette expression un peu compliquée, sur la nécessité de convertir l'injustice en justice, l'oppression en liberté, l'égoïsme en amour, la mort en vie. «Par amour, dira-t-il, il faut être prêt à l'accueil du pécheur en lui pardonnant; et il faut être disposé à rendre impossibles ses fruits déshumanisants pour les autres et pour lui-même.» Ceci peut mener comme Jésus à aimer «les opprimés en étant avec eux» et à aimer «les oppresseurs en étant contre eux». Puis d'ajouter Sobrino, «de cette manière, Jésus est pour tous. [...] C'est la forme paradoxale de l'amour que de leur offrir le salut en les détruisant comme pécheurs[13].»

Nous sentons-nous vraiment à l'aise avec une telle vision, somme toute peu fréquente? Mieux, aurions-nous déjà expérimenté quelque chose de cette destruction du pécheur en tant qu'œuvre d'amour? Chose certaine, la destruction de l'offenseur comme offenseur, tâche éminemment délicate s'il en est, paraît commandée par l'amour même des opprimés. Que de force et de courage exigés pour ne pas encourager la perpétuation du crime! Mais, en même temps, un tel labeur n'a rien de facultatif, surtout pas pour un chrétien. Pardonne, n'oublie pas. Pardonne et sois actif. Mais quoi encore?

NOTES

¹ A. Abecassis, «L'acte de mémoire», *Le pardon. Briser la dette et l'oubli*, Paris, Éditions Autrement — Série Morales n° 4, 1993, p. 143.

² M. Balmary, *Le sacrifice interdit*, Paris, Grasset, 1986, p. 65

³ A. Miller, *C'est pour ton bien*, Paris, Aubier, 1983, p. 281.

⁴ V. Elizondo, «Je pardonne mais je n'oublie pas», *Conci* 204, 1986, p. 98.

⁵ C. Duquoc, «Le pardon de Dieu», *Concilium* 204, 1986,]

⁶ V. Jankélévitch, *Le pardon*, Paris, Aubier, 1957, p. 135.

⁷ V. Elizondo, p. 96, cité *supra*, n° 4.

⁸ R. Studzinski, «Se souvenir et pardonner», *Concilium*, 204, 1 p. 31.

⁹ J. Laffitte, *Le pardon transfiguré*, Paris, Éditions de l'Em nuel/Desclée, 1995, p. 332.

¹⁰ R. Studzinski, p. 30, cité *supra*, n° 8.

¹¹ O. Abel, *Le pardon. Briser la dette et l'oubli*, Postface, Aut ment — Série Morales n° 4, 1993, p. 219.

¹² C. Duquoc, p. 55, cité *supra*, n° 5.

¹³ J. Sobrino, «Amérique latine, lieu de péché, lieu de pardon *Concilium* 204, 1986, p. 68.

Chapitre 6

LE PARDON ET LA JUSTICE

Plus nous avançons dans notre étude du pardon, plus nous nous apercevons qu'il possède plusieurs facettes toutes aussi importantes les unes que les autres. Celui ou celle qui ne veut pas s'en tenir à un pardon au rabais ne peut vraisemblablement pas se permettre de se désintéresser de l'un ou l'autre élément déjà explicité, ou encore, d'en privilégier un au détriment des autres. Mais, comme le laissait entendre la finale du chapitre précédent, nous n'avons pas fini de creuser cette réalité essentielle, quoique malheureusement souvent mal comprise. Il nous faut en effet cerner de plus près, dans les pages qui suivent, la vraie nature du pardon. Il est exact que, sans l'étiqueter comme tel, nous avons déjà commencé à préciser en quoi consiste le pardon. En fait, nous avons principalement abordé cette présentation par la négative. Ne venons-nous pas tout juste de voir que le pardon n'est pas l'oubli, sans quoi il n'y aurait pas lieu de parler de pardon, que le pardon n'est pas laxisme puisqu'il suppose à la fois la conversion de soi et de la réalité mauvaise, que le pardon n'est pas non plus l'excuse car, à supposer que les gens ne soient pas responsables, ou qu'on puisse trouver des circonstances atténuantes, il n'y a pas besoin de pardon?

Il n'y a pas de doute qu'à la suite de Jankélévitch nous sommes maintenant en mesure d'affirmer que le pardon se charge de l'inexcusable. Nous savons également que, tout en restant entière, une offense sera néanmoins effacée par l'acte de gratuité de l'offensé, dans un geste aussi précieux que difficile, compte tenu de la profondeur du pardon mais aussi de la faiblesse humaine. Ce n'est certainement pas pour rien que la plupart des gens se contentent d'excuse, d'oubli, et de la rupture des relations inhérente à ce dernier type de comportement.

Mais cela dit, celui ou celle qui désire approfondir davantage la véritable identité du pardon ne peut pas se dispenser d'examiner ce qui a trait au rapport du pardon avec la justice. Et là, la tâche n'est pas simple. Vous connaissez probablement, tout comme nous, des personnes qui affirment ne pas vouloir pardonner au nom même de la justice. Celles-ci avoueront volontiers que le ou les coupables se doivent de recevoir ce qu'ils méritent. Ont-elles totalement raison d'envisager les choses de cette manière? En d'autres termes, y a-t-il vraiment lieu d'opposer, comme cela se fait régulièrement, le pardon à la justice? Ne serait-ce pas plutôt une question de registre? Le moins qu'on puisse dire, c'est que cet épineux problème ne peut être écarté. Comment articuler pardon et justice, compréhension et sanction légitime? Force nous est en tout cas de reconnaître que le débat resurgit dans toute son acuité chaque fois qu'on parle de crimes contre l'humanité, de meurtres révoltants, d'atteintes graves à la dignité des personnes. Mais il n'est pas absent non plus par suite d'autres situations passablement complexes, sans avoir pour autant l'ampleur de celles mentionnées ci-dessus.

1. La légitimité de la justice humaine

Réfléchir sur le pardon et la justice nous oblige à reconnaître d'emblée, et avec vigueur, la légitimité de la justice humaine. Pour appuyer cette première observation importante, comment ne pas noter que, déjà, l'ancienne législation israélite demandait aux juges l'intégrité dans l'exercice de leur fonction, que, déjà, elle invitait les juges à l'impartialité, en imitation de la souveraine impartialité de Dieu (Dt 10, 17)? Nous nous référons ici à ce texte du début du livre du Deutéronome qui met les paroles suivantes dans la bouche de Moïse:

> En ce même temps je prescrivis à vos juges: «Vous entendrez vos frères et vous rendrez la justice entre un homme et son frère ou un étranger en résidence près de lui. Vous ne ferez pas acception de personne en jugeant, mais vous écouterez le petit comme le grand. Vous ne craindrez pas l'homme, car la sentence est à Dieu. Si un cas est trop difficile pour vous, vous me l'enverrez pour que je l'entende.» (Dt 1, 16-17)

Nous pensons également à Dt 16, 18-20 où, là encore, la question de la justice est au premier plan:

> Tu établiras des juges et des scribes, en chacune des villes que Yahvé te donne, pour toutes tes tribus; ils jugeront le peuple en des jugements justes. Tu ne feras pas dévier le droit, tu n'auras pas égard aux personnes et tu n'accepteras pas de présent, car le présent aveugle les yeux des sages et ruine les causes des justes. C'est la stricte justice que tu rechercheras, afin de vivre et de posséder le pays que Yahvé ton Dieu te donne.

Et que dire des prophètes qui, de différentes manières, reviendront sur cette obligation de justice!

Malheur à ceux qui décrètent des décrets d'iniquité, qui écrivent des rescrits d'oppression pour priver les faibles de justice et frustrer de leur droit les humbles de mon peuple pour faire des veuves leur butin et dépouiller les orphelins. (Is 10, 1-2)

Oui, il se trouve en mon peuple des malfaisants [...] ils sont gras, ils sont reluisants, ils ont même passé la mesure du mal: ils ne respectent pas le droit, le droit des orphelins, pourtant ils réussissent! Ils n'ont pas rendu justice aux indigents. (Jr 5, 26-28)

On a reçu des présents chez toi, pour répandre le sang; tu as pris usure et intérêt, tu as dépouillé ton prochain par la violence, et moi, tu m'as oublié, oracle du Seigneur Yahvé. (Ez 22, 12[1])

De toute évidence, ces passages ont encore quelque chose à nous apprendre, malgré leur grand âge. En effet, qui oserait affirmer que la justice court les rues de nos jours? Ce ne serait certainement pas très compliqué de transposer ce que nous venons de lire aux situations actuelles que, tous et toutes, nous ne connaissons que trop bien, n'est-ce pas?

Chose certaine, aucune société ne saurait, semble-t-il, se passer de la justice, sans provoquer, du même coup, la disparition du bon ordre social. La justice est essentielle, entre autres, pour mettre un frein au mensonge et aux rouages de la violence de plus en plus omniprésents en notre monde. Il faudra toujours démasquer et dénoncer le mal. Personne ne peut se permettre d'approuver le péché personnel et social. Un acte mauvais en tant qu'acte mauvais devrait normalement comporter une sanction en fonction de sa gravité. La justice est tellement capitale que, souvent, ne rien dire ou laisser faire pourrait laisser croire que quelqu'un est complice avec le mal ou l'erreur ou, à tout le moins, qu'il les tolère. Même Dieu ne fait pas fi de la justice, lui dont on dit qu'il récompense chacun selon ses œuvres. Quant à Jésus, son attitude ne diffère aucunement de celle du Père, même si, comme on sait, il ne fait pas de la justice, au sens juridique du mot, le cœur de ses préoccupations et de son message. De toute façon, jamais on ne surprend Jésus à banaliser le mal, à innocenter les personnes, à déclarer bien ce qui est mal en soi. On peut même présumer qu'il a exhorté ses contemporains à pratiquer la justice, en dépit du fait que les textes n'en laissent guère de traces. D'ailleurs, les invectives contre les pharisiens en Matthieu 23 ne rempliraient-elles pas un peu le rôle des invectives contre l'injustice chez les prophètes?

Personnellement, nous croyons que ne pas porter suffisamment attention à la justice humaine, par souci de miséricorde, serait donner raison à Dietrich Bonhoeffer qui n'était pas sans détecter, dans l'Église de son temps, la tentation de pardonner précisément au détriment de la justice, d'offrir ce qu'il appelle la grâce à bon marché, tentation contre laquelle il invite fortement à réagir. Il nous semble que les lignes qui suivent sont encore pertinentes et peuvent déborder le contexte dont elles sont issues afin d'inspirer nos pratiques peut-être un peu trop faciles de miséricorde:

> La grâce à bon marché, c'est la grâce considérée comme une marchandise à liquider, le pardon au rabais [...] la grâce servant de magasin intarissable à l'Église. [...] Dans cette Église, le monde trouve, à bon marché, un voile pour couvrir ses péchés, péchés dont il ne se repent pas et dont, à plus forte raison, il ne désire pas se libérer[2].

On aura compris, sans nous forcer à faire un long développement sur la justice terrestre, que le rôle de cette dernière n'est pas du tout à minimiser. Il serait faux de s'imaginer que le respect des droits essentiels ne constituerait pas une question morale et donc que quelqu'un pourrait s'en dispenser au profit du pardon. Autrement dit, il n'y a jamais lieu de choisir la miséricorde au détriment de la justice, la dernière, comme la première, étant une valeur chrétienne fondamentale. Paul lui-même prend la peine de souligner, dans son Épître aux Romains, la validité et l'origine divine des institutions civiles. Comme il y a peu de textes du genre, prenons le temps de le lire:

> Que tout homme soit soumis aux autorités qui exercent le pouvoir, car il n'y a d'autorité que par Dieu et celles qui existent sont établies par lui. Ainsi, celui qui s'oppose à l'autorité se rebelle contre l'ordre voulu par Dieu, et les rebelles attireront la condamnation sur eux-mêmes. En effet, les magistrats ne sont pas à craindre quand on fait le bien, mais quand on fait le mal. Veux-tu ne pas avoir à craindre l'autorité? Fais le bien et tu recevras ses éloges, car elle est au service de Dieu pour t'inciter au bien. Mais si tu fais le mal, alors crains. Car ce n'est pas en vain qu'elle porte le glaive: en punissant, elle est au service de Dieu pour manifester sa colère envers le malfaiteur. C'est pourquoi il est nécessaire de se soumettre, non seulement par crainte de la colère, mais encore par motif de conscience. C'est encore la raison pour laquelle vous payez les impôts; ceux qui les perçoivent sont chargés par Dieu de s'appliquer à cet office. Rendez à chacun ce qui lui est dû: l'impôt, les taxes, le respect, à chacun ce que vous lui devez. (Rm 13, 1-7)

Dans le Nouveau Testament, le souci de la justice demeurera toujours vivant, sans être au centre des préoccupations de l'Église: «Pour toi, homme de Dieu, fuis ces choses. Recherche la justice, la piété, la foi, l'amour, la persévérance, la douceur.» (1 Tm 6, 11); «Fuis les passions de la jeunesse, recherche la justice, la foi, l'amour, la paix avec ceux qui, d'un cœur pur, invoquent le Seigneur.» (2 Tm 2, 22)

En somme, s'il importe à la justice de s'intéresser aux droits de chacun, il lui importe tout autant de tenir compte du bien commun, des intérêts de tous, et non seulement des particuliers. En aucun cas la justice légitime des humains ne peut être méconnue. La Déclaration sur la liberté religieuse issue du deuxième concile du Vatican indique clairement, au nº 7, la nécessité d'agir avec justice et humanité à l'égard de tous:

> Dans l'usage de toute liberté doit être observé le principe moral de la responsabilité personnelle et sociale: la loi morale oblige tout homme et groupe social à tenir compte dans l'exercice de leurs droits, des droits d'autrui, de leurs devoirs envers les autres et du bien commun de tous. À l'égard de tous, il faut agir avec justice et humanité.

2. Les limites de la justice terrestre

Tout en reconnaissant, comme nous venons brièvement de le faire, le besoin de justice et l'importance du droit, tout en admettant que l'ordre social ne saurait s'édifier en dehors de la justice et de l'obéissance aux lois, nous nous devons quand même de considérer maintenant les limites de la justice terrestre. Ces dernières gagnent à être mises en relief, non pas pour dénigrer la justice, après en avoir souligné le bien-fondé, mais pour mieux percevoir les enjeux du pardon. Vous aurez ainsi la possibilité de constater avec nous à quel point le contraste est saisissant entre le pardon et la justice.

Quand on regarde d'assez près comment fonctionne la justice où les règles sont tracées d'avance, on ne peut s'empêcher de rapprocher celle-ci de la loi du talion. En effet, la justice qui mesure ce qui a déjà été fait, perpétue, en quelque sorte, le fameux «œil pour œil, dent pour dent». Avec elle, on ne sort pas du cercle vicieux de l'offense, de l'équivalence dans le mal. Oui, qu'on le veuille ou non, quoique utile au bon ordre d'une société, la justice punitive continue d'engendrer un certain désordre. C'est à se demander s'il n'y aurait pas là une des raisons pour lesquelles Jésus a livré sa vie, plutôt que d'offenser, à son tour, ceux qui l'avaient offensé?

Quoi qu'il en soit, il n'y a pas de doute, d'après le témoignage de la Bible, que Dieu ne répond jamais au mal par un autre mal. Même les catastrophes de toutes sortes qui jalonnent l'Ancien Testament, qu'il s'agisse de famine, de sécheresse, de peste, de guerre, de tremblement de terre, sont à comprendre comme des interpellations de Dieu pour réveiller son peuple, le ramener dans le droit chemin, lui faire ressaisir sa vie dans la ligne des engagements pris lors de l'Alliance. Contrairement à ce que l'on croit souvent, elles ne sont en rien le résultat d'une colère non contrôlée ou encore d'une vengeance de la part de Dieu, comme nous avons déjà essayé de le mettre en lumière dans notre volume consacré au thème de la Pénitence-Réconciliation[3]. Pour vous en convaincre, on nous permettra de citer, entre autres, ce passage d'Amos 4, 6-12 qui souligne, à merveille, le sens des châtiments et calamités que Dieu a fait subir à son peuple, sans pour autant qu'il se convertisse:

> Aussi, moi je vous ai fait les dents nettes en toutes vos villes, je vous ai privés de pain, dans tous vos villages; et vous n'êtes pas revenus à moi! Oracle de Yahvé.

Aussi, moi je vous ai refusé la pluie [...] et vous n'êtes pas revenus à moi! Oracle de Yahvé.

Je vous ai frappés par la rouille et la nielle, j'ai desséché vos jardins et vos vignes; vos figuiers et vos oliviers, la sauterelle les a dévorés; et vous n'êtes pas revenus à moi! Oracle de Yahvé.

J'ai envoyé parmi vous une peste, comme la peste d'Égypte; j'ai tué vos jeunes gens par l'épée, tandis que vos chevaux étaient capturés; [...] et vous n'êtes pas revenus à moi! Oracle de Yahvé.

Je vous ai bouleversés comme Dieu bouleversa Sodome et Gomorrhe, et vous avez été comme un tison sauvé de l'incendie; et vous n'êtes pas revenus à moi! Oracle de Yahvé.

C'est pourquoi, voici comment je vais te traiter, Israël! Parce que je vais te traiter ainsi, prépare-toi à rencontrer ton Dieu, Israël!

En réalité, autant plusieurs passages de l'Écriture nous apprennent que Dieu récompense chacun selon ses œuvres, autant le psaume 103, 10 nous montre qu'il n'y a pas de proportion entre la miséricorde de Dieu et la réalité du mal: «Il ne nous traite pas selon nos fautes, ne nous rend pas selon nos offenses.» Assurément, Dieu ne s'en tient pas à la justice au sens strict. Bien sûr, il est permis de parler de «justice de Dieu» , mais à condition de saisir qu'elle consiste avant tout, chez lui, en une miséricordieuse fidélité à une volonté de salut. C'est en tout cas aussi l'avis de Jacques Ellul qui reprend bien, dans le paragraphe qui suit, ce que nous avons tenté de montrer jusqu'à présent concernant les limites de la justice humaine:

[...] lorsqu'il pardonne, Dieu renonce à sa possibilité de faire justice, et à l'idée de rétribution. De toute façon aucune pénitence, aucune souffrance, aucune peine ne pourrait d'une part être à la mesure du péché de tout homme, d'autre part effacer ce qui a eu lieu. Ceci est fondamental: l'œuvre de Dieu est de faire que l'homme soit pleinement homme tel que Dieu l'a créé dans l'amour. Or, ceci ne peut être atteint par la punition. Celle-ci ne ramène jamais l'homme à l'état antérieur à sa faute. Tout le monde a compris dans le fameux débat sur la peine de mort que mettre à mort l'assassin ne rend pas la vie à la victime. Oui, mais, dira-t-on, il faut punir. Bien entendu, au niveau humain et pour l'ordre social, il faut punir, mais la peine aussi redouble ce désordre et crée des hommes plus perturbés encore, nous ne devons pas nous le cacher. La justice de Dieu ne peut en rien être comprise par analogie à ce que nous appelons «justice» (surtout dans le domaine pénal). Elle est même nécessairement l'inverse puisqu'elle rétablit l'humain dans son équilibre et sa plénitude. Dieu renonce à châtier, à punir, à redoubler le mal par un autre mal (certes infligé au coupable[4]).

Les limites de la justice humaine ne s'arrêtent pas là. En effet, la justice, qui vise simultanément la compensation du dommage causé par l'acte mauvais et la correction du fautif, ferme finalement tout avenir au coupable. C'est bête à dire mais c'est comme ça. La justice enferme les êtres, là où le pardon les libère. Pensons, par exemple, à Jésus qui, en pardonnant, ouvre un avenir à la femme adultère, là où la justice aurait réglé, une fois pour toutes, le sort de cette femme. Christian Duquoc écrit à ce propos:

> Il [Jésus] vise à rompre le cercle entre violence et vertu, violence et loi. Le pardon qu'il accorde à cette femme ouvre un autre espace que celui au sein duquel seuls les péchés de ses accusateurs la sauvaient et leurs vertus la tuaient. Cet espace est humain[5].

Il ajoute un peu plus loin:

On pouvait décrire l'avenir du paralytique non pardonné et non guéri, celui de la femme adultère condamnée, ou des accusateurs de Jésus non pardonnés; on ne peut plus dire quels sont leurs avenirs dès lors qu'est brisée la loi de la répétition, ou celle de l'équivalence[6].

Le moins qu'on puisse dire, c'est que Jésus ne regarde jamais les êtres à partir des mérites ou démérites de leur vie. S'il y en a eu un qui était convaincu que «la loi devient cruelle lorsqu'elle est aux mains des vertueux[7]», que le châtiment n'a rien à voir avec la pleine réhabilitation, c'est bien lui.

En définitive, non seulement la justice ne transforme pas l'individu ni la société, mais le droit le plus rigoureux cause souvent la plus grande injustice:

> Selon l'adage ancien, le droit le plus rigoureux cause souvent la plus grande injustice; le glaive de la justice divine, la rigueur du droit réactive le ressentiment et la violence; après la justice, il faut recoudre et panser les plaies. C'est pourquoi le précepte du pardon ne doit pas être exclu du champ public, il reste le fondement imprescriptible de la réconciliation entre les groupes comme entre les individus; et parce qu'il ne relève d'aucune loi humaine, la société a toujours un besoin qu'il lui soit rappelé. Ce besoin fonde l'utilité de l'Église du Christ dans les sociétés sécularisées et lui assigne un rôle public; en s'acquittant de cette fonction éthique, l'Église remplit fondamentalement la mission de salut qu'elle a reçue du Christ[8].

3. Le pardon comme au-delà de la justice

Tout ce que nous avons souligné jusqu'ici dans ce chapitre ne nous autorise certainement pas à opposer pardon et justice. À nos yeux, il n'y a d'ailleurs aucune contradiction à ce qu'une personne pardonne et fasse mettre quelqu'un en prison par respect de la loi. Autrement dit, l'offensé peut très bien pardonner, sans empêcher le moins du monde les juges de faire ce qu'ils ont à faire, en ce qui a trait à la détermination de la culpabilité de l'offenseur et de la sanction appropriée à la faute commise. Si cela peut rassurer quelques-uns d'entre nous, Joseph Moingt écrit:

> Le précepte évangélique me fait l'obligation de m'employer à éteindre mon ressentiment envers celui qui m'a offensé et de lui proposer mon pardon, mais il ne m'interdit pas de demander la réparation en justice du tort qu'il m'a fait, pourvu que je travaille à demeurer dans les mêmes dispositions d'esprit, sans haine ni désir de vengeance. Éventuellement, il pourra me conduire à abandonner mes droits si ces torts ne sont pas considérables, pour éviter la punition de mon agresseur. Mais le respect de mes droits essentiels est aussi une obligation morale, à laquelle le pardon des injures ne saurait s'opposer[9].

Ainsi, non seulement le pardon et la justice ne s'opposent pas, mais nous affirmerions même qu'ils vont de pair. Le vrai pardon, qui n'a rien de la lâcheté ou d'une compromission, s'exerce toujours en lien avec la vérité. Selon Rm 12, 21, le pardon vainc le mal, mais jamais il ne l'excuse ni ne le tolère. Ne vous imaginez donc pas que nous considérerions le pardon comme une indulgence envers les offenseurs ou un manque de solidarité dans le combat contre l'injustice. S'il le faut, reportez-vous au besoin à ce que nous avons déjà dit à ce propos au chapitre cinquième.

N'empêche que le problème avec la justice, comme nous avons commencé à le réaliser en relevant quelques-unes de ses faiblesses et limites, c'est que le risque est toujours très grand de confondre la personne avec sa faute, avec son péché. Cette impasse nous semble non négligeable. Dans le pardon, par contre, on s'intéresse au bien de la personne. Celui qui pardonne sait qu'il n'a aucun droit de juger. Et s'il n'a aucun droit de juger, c'est parce qu'il est conscient que Dieu seul connaît ce qu'il y a vraiment dans le cœur de la personne, comme le suggère Mc 7, 14-23. Jésus est formel là-dessus: « Soyez miséricordieux comme votre Père est miséricordieux: ne vous posez pas en juges et vous ne serez pas jugés, ne condamnez pas et vous ne serez pas condamnés, acquittez et vous serez acquittés, donnez et on vous donnera. C'est une bonne mesure, tassée, secouée, débordante qu'on versera dans le pan de votre vêtement, car c'est la mesure dont vous vous servez qui servira aussi de mesure pour vous.» (Lc 6, 36-38) Bien sûr, comme le fait remarquer la note de la TOB à Mt 7, 1, passage parallèle à Lc 6, 36, «Jésus n'interdit pas d'apprécier les choses avec objectivité, mais de condamner autrui, en usurpant à Dieu son autorité exclusive de juge». De toute manière, admettons que cela prend pas mal de culot pour juger les autres, quand on sait à quel point il est difficile de nous juger nous-mêmes.

Par ailleurs, ce pour quoi nous avons absolument besoin de cet au-delà de la justice qui s'appelle le pardon, c'est, nous semble-t-il, à cause du désir de vengeance qui accompagne plus ou moins sournoisement la justice et qui fait que, souvent, une victime vient elle-même prendre place au rang des pécheurs. Apparemment, seule la miséricorde peut faire justice sans se venger, sans humilier ou se croire supérieure à l'autre. Comme ceci est important! Dans le prolongement de ce que nous disions concernant la gratuité du pardon, il ne saurait donc être question de chercher à épater les autres en pardonnant, de dire à l'offenseur d'un ton triomphaliste: «Je te pardonne.» Il n'y aurait plus de place alors pour le dialogue et ce serait sonner le glas à toutes relations futures. Autant reconnaître que

> Le vrai pardon ne fait pas la leçon, il est trop occupé à se tenir, presque incrédule, sur le seuil de la rencontre retrouvée, de se réhabituer au fait que l'autre soit là, qu'on ne soit plus séparés, qu'on soit de nouveau ensemble, même meurtris[10].

Une fois de plus, l'attitude de Jésus devrait inspirer le croyant ou la croyante qui s'apprête à pardonner. Loin d'adopter une attitude hautaine, méprisante, voire moralisante, Jésus qui, pourtant, détient la clef du pardon, commence très souvent par se mettre dans la peau de quelqu'un qui attend quelque chose des personnes prisonnières de leurs fautes. Il lui paraît indispensable d'établir d'abord une relation de personne à personne. C'est ainsi, par exemple, qu'il demandera à boire à la Samaritaine (Jn 4, 7), qu'il s'invitera chez Zachée (Lc 19, 5), qu'il acceptera de se laisser parfumer les pieds par Marie-Madeleine (Lc 7, 38). Le pire qui pourrait probablement arriver, c'est qu'un offensé utilise son pardon comme une prise de pouvoir et cherche, par ce biais, à récupérer son adversaire.

4.   Une innovation, pour sûr!

Incontestablement, sans aller à l'encontre de la justice, le pardon constitue une innovation par rapport à celle-ci. Avec le pardon, réponse de l'amour à l'offense, la loi du talion fait place à la loi de la surabondance: «Vous avez appris qu'il a été dit, eh bien, moi je vous dis.» En fait, sous un tel régime, on ne rend pas seulement le bien pour le bien, ou le mal pour le mal, mais même le bien pour le mal. On donne ce qui n'est pas dû, rejoignant, du même coup, l'attitude de Jésus à l'endroit de chacun de nous.

Si, dans ce contexte, on veut toujours parler de justice, ce sera visiblement dans le sens de la justice de Dieu manifestée sur la croix, c'est-à-dire une justice créative très différente de la justice civique ou sociale:

> Sur la Croix de Jésus, Dieu a vidé sa mémoire de nos fautes dans sa compassion à toute souffrance humaine. Depuis lors, sa justice n'est plus que celle de l'amour, la prééminence du pardon; son pardon n'efface pas les crimes du passé, il écarte la violence de l'avenir[11].

Avec Virgil Elizondo, nous sommes encore invités à considérer la justice de Dieu, non pas comme le refus de toute justice, mais comme l'annihilation de la «justice» de l'injuste. Voilà bien un point de vue aussi précieux que rare:

> Selon les normes de la justice d'une humanité pécheresse qui rend crime pour crime, la justice de Dieu qui paie le péché par le pardon aimant apparaît totalement injuste. Elle apparaît irraisonnable suivant la loi du talion. Cette loi s'est si profondément gravée dans les cœurs de l'humanité pécheresse [...] qu'elle apparaît comme la façon d'agir ordinaire de la société civilisée. Pour notre humanité injuste, la justice même de Dieu apparaît comme l'annihilation de la justice. Et c'est bien ce qu'elle est: l'annihilation de la «justice» de l'injuste[12].

5. Pardonner ou faire justice?

Ceux et celles qui doutaient ou étaient convaincus qu'il fallait refuser de pardonner au nom même de la justice sont-ils maintenant davantage en mesure de nuancer leur ancienne manière de penser? Nous l'espérons, car, d'après nous, ce genre de dilemme ne devrait même pas exister. En effet, comme nous avons tenté de le faire saisir, la miséricorde ne doit jamais être privilégiée au détriment de la justice, pleinement indispensable dans son ordre. Aucune vie ensemble ne peut s'en dispenser au risque de sombrer dans le chaos. Mais, d'autre part, il ne faut jamais tenir mordicus à la justice au détriment d'une tout aussi nécessaire miséricorde. En certains cas, la justice se doit d'être dépassée par le pardon chrétien qui, seul, brise le cercle de l'offense pour l'offense, qui, seul, ouvre des possibilités nouvelles pour la personne, pour les relations humaines et la société dans son ensemble. Sans méconnaître, répétons-le, la justice terrestre, il faut parfois aller au-delà d'elle, comme nous le suggère l'Évangile. Ne se pourrait-il pas que soit demandé aux disciples du Christ plus que le respect des droits objectifs inaliénables? Avant de passer à autre chose, réfléchissons sérieusement là-dessus:

> Jésus ne conteste pas le droit d'obtenir justice, il dévoile la violence qui se cache dans la revendication du droit et les effets pervers qui en découlent, et il dévoile, par contraste, la puissance du pardon de régénérer des relations humaines perverties par l'abus du droit. De même que l'âpreté à réclamer son dû entraîne des procédures de violence d'un bout à l'autre de la chaîne sociale des prêteurs et des emprunteurs, de même l'abandon de son droit par quelqu'un suscite normalement chez son bénéficiaire une pareille générosité envers ses propres débiteurs: «Ne devais-tu pas, toi aussi, avoir pitié de ton compagnon comme moi-même j'ai eu pitié de toi?» (Mt 18, 33[13])

NOTES

[1] Voir aussi Am 2, 6 ; 5, 7-10 ; Mi 3, 9.11.

[2] D. Bonhoeffer, *Le Prix de la Grâce*, Neuchâtel, Delachaux et Niestlé, 1962, p. 11.

[3] M.-T. Nadeau, *Une histoire à connaître. La Pénitence-Réconciliation*, Sainte-Foy (Québec), Éditions Anne Sigier, 1993, p. 15s.

[4] J. Ellul, «Car tout est grâce», *Le Pardon. Briser la dette et l'oubli*, Paris, Éditions Autrement — Série Morales n° 4, 1993, pp. 130-131.

[5] C. Duquoc, «Le pardon de Dieu», *Concilium* 204, 1986, p. 51.

[6] C. Duquoc, p. 55, cité *supra*, n° 5.

[7] C. Duquoc, p. 51, cité *supra*, n° 5.

[8] J. Moingt, «L'imprescriptible fondement», *Pardonner*, Bruxelles, Publications des Facultés universitaires Saint-Louis 65, 1994, p. 102.

[9] J. Moingt, p. 102, cité *supra*, n° 8.

[10] J. Pohier, *Dieu fractures*, Paris, Seuil, 1985, p. 266.

[11] J. Moingt, p. 103, cité *supra*, n° 8.

[12] V. Elizondo, «Je pardonne mais je n'oublie pas», *Concilium* 204, 1986, p. 92

[13] J. Moingt, p. 91, cité *supra*, n° 8.

Chapitre 7

UN AUTRE NOM DU PARDON:
L'AMOUR DES ENNEMIS

Faire une étude, si brève soit-elle, sur le pardon, sans aborder le précepte de l'amour des ennemis serait, on en conviendra, laisser de côté un morceau important pour une plus complète compréhension de celui-ci. En effet, l'amour des ennemis implique le pardon des offenses. Si vous préférez, le pardon représente l'une des formes privilégiées de l'amour des ennemis. En réalité, par le biais de ce que le Nouveau Testament nous apprend sur la nécessité d'aimer nos ennemis, nous serons amenés à mieux cerner les destinataires du pardon dont, somme toute, nous n'avons jusqu'ici parler que vaguement. N'y a-t-il pas mieux à faire que de simplement souligner, comme nous l'avons fait, que le pardon s'adresse à la méchanceté comme telle, à l'inexcusable, que le pardon travaille, en définitive, sur de l'impardonnable? Bien sûr, ceci est vrai et fondamental. Pourtant, de telles affirmations pourraient laisser croire à certains qu'ils ont le choix de déterminer ceux et celles à qui ils veulent pardonner. Avec l'amour des ennemis, par contre, aucune ambiguïté possible. Comme nous essayerons de le montrer, le pardon chrétien se doit d'être un don sans frontières, un don sans limites. Le vrai pardon vise normalement tout le monde.

Si l'on en croit Jésus, le problème ce n'est pas d'avoir des ennemis. Lui-même en a eu et, semble-t-il, il est impossible de ne pas en avoir. Le problème c'est de parvenir à les aimer. Mais, au fait, qui sont nos ennemis? Qu'est-ce que cela veut dire aimer nos ennemis? Comment peut-on les aimer? Pourquoi doit-on les aimer? On l'aura saisi d'entrée de jeu, le chapitre que nous entreprenons maintenant nous permettra de réfléchir sur ce qui est au cœur de la vie chrétienne, d'effectuer, très probablement, d'autres prises de conscience essentielles à nos vies de croyants et de croyantes. De plus, il devrait nous amener à découvrir, sous un autre angle, la nécessité de dépasser la justice que nous avons rapprochée peu auparavant de la loi du talion. Comme nous le constaterons, vivre l'amour des ennemis c'est, pourrait-on dire, vivre le talion à rebours puisque le fameux «œil pour œil, dent pour dent» devient, dans ce contexte, «si on te frappe sur une joue, présente encore l'autre».

I. L'amour du prochain dans l'Ancien Testament

1. Un amour sélectif

En examinant certains passages de l'Ancien Testament où il est question d'amour du prochain, on ne peut s'empêcher de constater que la notion de prochain y est passablement limitée. En effet, ce n'est pas n'importe quel autre que l'Israélite est invité à aimer. À en juger par ce passage du Lévitique, le précepte d'aimer paraît enraciné dans les liens de la famille, du clan. Il ne va jamais au-delà du peuple:

Vous ne commettrez point d'injustice en jugeant. Tu ne feras pas acception de personnes avec le pauvre ni ne te laisseras éblouir par le grand: c'est selon la justice que tu jugeras ton compatriote. Tu n'iras pas diffamer les tiens et tu ne mettras pas en cause le sang de ton prochain. Je suis Yahvé. Tu n'auras pas dans ton cœur de haine pour ton frère. Tu dois réprimander ton compatriote et ainsi tu n'auras pas la charge d'un péché. Tu ne te vengeras pas et tu ne garderas pas de rancune envers les enfants de ton peuple. Tu aimeras ton prochain comme toi-même. Je suis Yahvé. (Lv 19, 15-18)

Le même précepte concerne tout au plus la protection de l'étranger résidant, assimilé à l'Israélite. Loin de manifester une solidarité naturelle, les textes nous apprennent qu'il s'agit alors de reproduire le comportement de Yahvé au temps de l'Exode:

Si un étranger réside avec vous dans votre pays, vous ne le molesterez pas. L'étranger qui réside avec vous sera pour vous comme un compatriote et tu l'aimeras comme toi-même, car vous avez été étrangers au pays d'Égypte. Je suis Yahvé votre Dieu. (Lv 19, 33-34)

C'est lui qui fait droit à l'orphelin et à la veuve, et il aime l'étranger, auquel il donne pain et vêtement. Aimez l'étranger car au pays d'Égypte vous fûtes des étrangers. (Dt 10, 18-19)

Tu n'opprimeras pas l'étranger. Vous savez ce qu'éprouve l'étranger, car vous-mêmes vous avez été étrangers au pays d'Égypte. (Ex 23, 9)

2. *Un progrès par rapport au talion*

Bien sûr, dans les textes qui viennent d'être relevés, on est encore loin de l'amour sans limites prôné par Jésus.

Pourtant, il faut bien reconnaître que leur contenu n'en représente pas moins un progrès par rapport à la loi du talion qui proportionnait la vengeance à la gravité de la faute:

> Mais s'il y a un accident, tu donneras vie pour vie, œil pour œil, dent pour dent, pied pour pied, brûlure pour brûlure, meurtrissure pour meurtrissure, plaie pour plaie. (Ex 21, 23-24)

> Si un homme blesse un compatriote, comme il fait on lui fera: fracture pour fracture, œil pour œil, dent pour dent. Tel le dommage que l'on inflige à un homme, tel celui que l'on subit. (Lv 24, 19-20)

Faut-il d'ailleurs rappeler que cette loi du talion, prescription sociale élaborée après qu'Israël fut devenu sédentaire et qu'on retrouve dans le bien connu code de Hammourabi et dans les lois assyriennes, représentait elle-même le fruit de toute une évolution en cherchant à limiter les excès de vengeance, à contrôler quelque peu le genre de violence dont témoigne un texte comme celui de Gn 4, 23-24?

> Lamek dit à ses femmes: «Ada et Çilla, entendez ma voix, femmes de Lamek, écoutez ma parole: J'ai tué un homme pour une blessure, un enfant pour une meurtrissure. C'est que Caïn est vengé sept fois, mais Lamek, septante-sept fois.»

À n'en pas douter, la loi du talion qui visait à réguler le droit de vengeance du goël constituait un progrès. Répétons-le, selon cette prescription, le châtiment ne devait pas outrepasser le dommage subi et, surtout, il était primordial de prendre en compte les motifs de l'agresseur, comme on peut le lire dans le Deutéronome:

Il ne faudrait pas que le vengeur du sang, dans l'ardeur de sa colère, poursuivît le meurtrier, que la longueur du chemin lui permît de le rejoindre et de le frapper mortellement — cet homme qui n'est pas passible de mort, puisqu'il n'avait pas de haine invétérée contre sa victime. (Dt 19, 6)

Toutefois, comme nous avons eu l'occasion de le montrer grâce à quelques textes, cette loi du talion devait être dépassée par la complète interdiction de se venger de son frère ou de l'étranger qui vit dans le pays. Qu'en est-il de l'amour des ennemis?

3. Hors de question d'aimer ses ennemis

Ceux et celles qui s'attendraient à trouver un message sur l'amour des ennemis dans l'Ancien Testament seront déçus. En effet, on ne rencontre nulle part à cet endroit un précepte identique à celui que nous livrèrent plus tard les évangélistes Matthieu et Luc et dont nous parlerons très bientôt. Par ailleurs, il faut bien prendre conscience que si, avec Lv 19, 18, la loi du talion était en quelque sorte théoriquement dépassée, concrètement celle-ci n'en continuera pas moins à inspirer des pratiques de vengeance, voire à les justifier. Surtout, le précepte d'aimer dont nous venons de souligner qu'il ne s'étendait pas encore à tout le monde, rejoignait encore moins, a fortiori, l'ennemi. Incontestablement, on est encore loin de l'enseignement de Jésus qui, comme on sait, en viendra à communiquer une extension universelle au vieux précepte de l'amour du prochain comme soi-même, sans interdire, pour autant, de s'opposer aux attaques injustes, de combattre le mal dans le monde. Mais est-ce à dire que rien dans l'Ancien Testament ne laisserait présager la pertinence du commandement à venir sur l'amour des ennemis? Cela reste à vérifier.

4. *Quelques pierres d'attente*

Pour trouver dans l'Ancien Testament quelques pierres d'attente relativement à un éventuel amour des ennemis, quelques petites pousses dans cette direction, car celles-ci existent, il convient de se reporter plus particulièrement à la littérature de Sagesse. De fait, la littérature sapientielle laisse assez bien transparaître un progrès de la révélation concernant l'attitude que l'Israélite doit avoir à l'égard du prochain. Finis les appels à la vengeance divine, finies les imprécations terribles, comme on peut en entendre au Ps 139, 8-9: «Fille de Babel, qui dois périr, heureux qui te revaudra les maux que tu nous valus, heureux qui saisira et brisera tes petits contre le roc!», ou encore, au chapitre 18 du livre de Jérémie à l'occasion d'un attentat contre le prophète: «Abandonne donc leurs fils à la famine, livre-les à la merci de l'épée! Que leurs femmes deviennent stériles et veuves! Que leurs maris meurent de la peste! Que leurs jeunes soient frappés de l'épée, au combat! Qu'on entende des cris sortir de leurs maisons, quand, soudain, tu amèneras contre eux des bandes armées. Car ils ont creusé une fosse pour me prendre et sous mes pas camouflé des pièges. Mais toi, Yahvé, tu connais tout leur dessein meurtrier contre moi. Ne pardonne pas leur faute, n'efface pas leur péché de devant toi. Qu'ils s'effondrent devant toi, au temps de ta colère, agis contre eux!»

Si l'on en croit Pr 24, 17-18, qui ne va pas toutefois jusqu'à parler d'amour ou de bienveillance totale, quelqu'un se doit au moins de ne pas cultiver une joie méchante face aux malheurs d'un ennemi: «Si ton ennemi tombe, ne te réjouis pas, que ton cœur n'exulte pas de ce qu'il trébuche, de peur que, voyant cela, Yahvé ne soit méchant et qu'il ne détourne de lui sa colère.» En lien avec cela, il est intéressant de remarquer que, dans son Apologie, Job se présente lui-même comme quelqu'un qui a refusé de se réjouir du malheur d'un ennemi: «Me suis-je réjoui de l'infortune de mon ennemi, ai-je exulté quand le malheur l'atteignait, moi, qui ne permettais pas à ma langue de pécher, de réclamer sa vie dans une malédiction?» (Jb 31, 29-30) C'est encore le livre des Proverbes qui invite l'Israélite à combattre tout esprit de vengeance à l'égard de l'ennemi privé: «Ne dis point: "Je rendrai le mal!" fie-toi à Yahvé qui te sauvera.» (Pr 20, 22); «Ne dis pas: "Comme il m'a fait, je lui ferai"! à chacun je rendrai selon son œuvre!"» (Pr 24, 29) Mieux vaut finalement adopter cette attitude: «Si ton ennemi a faim, donne-lui à manger, s'il a soif, donne-lui à boire. C'est amasser des charbons sur sa tête et Yahvé te le revaudra.» (Pr 25, 21-22)

De son côté, le Siracide dénonce comme abominables la colère et la rancune. Il invite à passer par-dessus l'offense afin de pouvoir bénéficier du pardon de Dieu: «Pardonne à ton prochain ses torts, alors, à ta prière, tes péchés te seront remis. [...] Souviens-toi de la fin et cesse de haïr, de la corruption et de la mort, et sois fidèle aux commandements. Souviens-toi des commandements et ne garde pas rancune au prochain, de l'alliance du Très-Haut et passe par-dessus l'offense.» (Si 28, 2-7) Même son de cloche dans les deux prochaines citations: «Ne garde jamais rancune au prochain, quels que soient ses torts, et ne fais rien dans un mouvement de passion.» (Si 10, 6); «Rancune et colère, voilà encore des choses abominables qui sont le fait du pécheur.» (Si 27, 30)

En attendant une expression nouvelle dans le Nouveau Testament, le livre de la Sagesse, empreint d'universalisme, suggère quant à lui d'imiter la miséricorde de Dieu à l'égard de son peuple: «En agissant ainsi, tu as appris à ton peuple que le juste doit être ami des hommes, et tu as donné le bel espoir à tes fils qu'après les péchés tu donnes le repentir. Car si ceux qui étaient les ennemis de tes enfants et promis à la mort, tu les as punis avec tant d'attention et d'indulgence, leur donnant temps et lieu pour se défaire de leur malice, avec quelle précaution n'as-tu pas jugé tes fils, toi qui, par serments et alliances, as fait à leurs pères de si belles promesses? Ainsi, tu nous instruis, quand tu châties nos ennemis avec mesure, pour que nous songions à ta bonté quand nous jugeons, et, quand nous sommes jugés, nous comptions sur la miséricorde.» (Sg 12, 19-22)

Bien évidemment, ces quelques passages représentatifs de l'esprit de la littérature de Sagesse ne doivent pas nous tromper. Une chose, en effet, est de noter que ces textes ont pu constituer une source de la doctrine de l'amour des ennemis dans le Nouveau Testament et autre chose est de dire que l'Ancien Testament, en tant que source, suffit à rendre compte de l'amour des ennemis tel que le préconise le Nouveau Testament. Pour John Piper, il est clair que

Comme source, l'Ancien Testament ne peut à lui seul rendre compte du sens que la parénèse du Nouveau Testament donne à l'amour des ennemis. Les disciples de Jésus ont entendu une parole nouvelle qui les a guidés dans l'usage qu'il convenait de faire de la parole ancienne[1].

Mais qu'est-elle donc cette parole nouvelle?

II. L'amour du prochain dans le Nouveau Testament

1. Relecture des textes

Tout le monde a déjà entendu dire un jour ou l'autre qu'il fallait aimer ses ennemis. Mais tous et toutes connaissent-ils les contextes de cette invitation pressante, de ce paradoxe dans lequel tient l'Évangile tout entier: «Aimez vos ennemis»? Chose certaine, le message de Jésus sur l'amour des ennemis rapporté par Matthieu et par Luc est tellement dense qu'il y a toujours quelque chose de nouveau à retirer de son rappel.

Chez Matthieu, on trouve le précepte sur l'amour des ennemis dans la dernière des six antithèses qui font suite au texte des Béatitudes. Mais comme nous aurons à comparer sa péricope avec celle de Luc qui présente la pensée de Jésus dans un ordre un peu différent, aussi bien citer tout de suite ce que Matthieu dit à propos du talion dans les quelques versets qui précèdent. Le tout forme assurément un riche enseignement sur l'amour du prochain, appelé à inclure jusqu'à l'ennemi:

> Vous avez appris qu'il a été dit: Œil pour œil et dent pour dent. Et moi, je vous dis de ne pas résister au méchant. Au contraire, si quelqu'un te gifle sur la joue droite, tends-lui aussi l'autre. À qui veut te mener devant le juge pour prendre ta tunique, laisse aussi ton manteau. Si quelqu'un te force à faire mille pas, fais-en deux mille avec lui. À qui te demande, donne; à qui veut t'emprunter, ne tourne pas le dos. (Mt 5, 38-42)

> Vous avez appris qu'il a été dit: Tu aimeras ton prochain et tu haïras ton ennemi. Et moi, je vous dis: Aimez vos ennemis et priez pour ceux qui vous persécutent afin d'être vrai-

ment les fils de votre Père qui est aux cieux, car il fait lever son soleil sur les méchants et sur les bons, et tomber la pluie sur les justes et les injustes. Car si vous aimez ceux qui vous aiment, quelle récompense allez-vous en avoir? Les collecteurs d'impôts eux-mêmes n'en font-ils pas autant? Et si vous saluez seulement vos frères, que faites-vous d'extraordinaire? Les païens n'en font-ils pas autant? Vous donc, vous serez parfaits comme votre Père céleste est parfait. (Mt 5, 43-48)

La phrase qui introduit ce qui a trait à l'amour des ennemis chez Luc inaugure une nouvelle partie du «Discours dans la plaine» qui s'étend des versets 20 à 49 du chapitre 6. On remarquera que Luc réunit en une seule péricope les deux morceaux distincts de Matthieu. Toutefois, malgré les différences de présentation sur lesquelles nous aurons l'occasion de revenir, le message est le même: la charité doit se dilater jusqu'à l'amour des ennemis:

Mais je vous dis, à vous qui m'écoutez: Aimez vos ennemis, faites du bien à ceux qui vous haïssent, bénissez ceux qui vous maudissent, priez pour ceux qui vous calomnient.

À qui te frappe sur une joue, présente encore l'autre. À qui te prend ton manteau, ne refuse pas non plus ta tunique. À quiconque te demande, donne, et à qui te prend ton bien ne le réclame pas. Et comme vous voulez que les hommes agissent envers vous, agissez de même envers eux.

Si vous aimez ceux qui vous aiment, quelle reconnaissance vous en a-t-on? Car les pécheurs aussi aiment ceux qui les aiment. Et si vous faites du bien à ceux qui vous en font, quelle reconnaissance vous en a-t-on? Les pécheurs eux-mêmes en font autant. Et si vous prêtez à ceux dont vous espérez qu'ils vous rendent, quelle reconnaissance vous en a-t-on? Même les pécheurs prêtent aux pécheurs pour qu'on leur rendent l'équivalent. Mais aimez vos ennemis, faites du bien et prêtez sans rien espérer en retour. Alors votre récompense sera grande, et vous serez les fils du Très-Haut, car il est bon, lui, pour les ingrats et les méchants. (Lc 6, 27-35)

2. Une forme paradoxale du talion

En lisant doucement les précédents extraits de l'évangile de Matthieu et de celui de Luc, vous avez certainement été frappés tout comme nous par la radicalité de l'enseignement de Jésus. Celle-ci se manifeste de différentes manières. Avez-vous remarqué, par exemple, que, contrairement à ce qu'on a pu lire dans l'Ancien Testament, Jésus condamne toute forme de vengeance, même celle tolérée par le talion? Comme vous avez pu vous en rendre compte, il est demandé aux disciples de ne pas riposter, de ne pas rendre coup pour coup. Cela vaut pour nos deux évangélistes qui, chacun à leur manière, montrent que Jésus dénie le droit de l'offensé à l'offense.

L'intention de Jésus n'est évidemment pas d'abolir la loi, comme le souligne Matthieu juste avant la série des thèses et antithèses où on trouve exprimé le précepte de l'amour des ennemis: «N'allez pas croire que je sois venu abolir la Loi ou les Prophètes: je ne suis pas venu abroger, mais accomplir.» (Mt 5, 17) Luc affirme lui aussi la pérennité de la loi: «Le ciel et la terre passeront plus facilement que ne tombera de la Loi une seule virgule.» (Lc 16, 17) En fait, avec Jésus, on assiste non pas à la disparition mais bien à l'approfondissement de la loi. Désormais, il ne saurait être question de se prévaloir du droit de riposte que procure la loi. Il faut aller jusqu'à renoncer à des revendications légitimes.

Pour dire les choses autrement, les chrétiens sont invités par Jésus à une justice nouvelle, plus abondante que celle des scribes et des pharisiens. Et Mt 5, 20 d'ajouter, seule cette justice pourra permettre l'entrée dans le Royaume des cieux. On aura compris qu'il s'agit d'une justice qui va bien au-delà de celle qui régit habituellement la vie en société. Au fond, il s'agit de donner autre chose, et même plus parfois, que ce à quoi l'autre est en droit de s'attendre. Il est clair que le disciple doit dépasser la loi du talion, le fameux œil pour œil, dent pour dent. N'empêche que l'aspect paradoxal de l'égalité maintenue dans ces consignes: «si quelqu'un te gifle sur la joue droite, tends-lui encore l'autre», «à qui te prend ton manteau, ne refuse pas non plus ta tunique» nous donne l'impression d'assister en quelque sorte à un talion à rebours. Quelle différence pourtant avec le premier! De toute façon, y avait-il une plus belle manière pour Jésus de préparer petit à petit ses disciples à recevoir un enseignement concernant l'amour des ennemis?

3. Des ennemis aux divers visages

Au fait, qui sont-ils ces ennemis à aimer? Si l'on en croit les textes de Matthieu et de Luc cités ci-dessus, ceux-ci ne seraient pas nécessairement les mêmes chez les deux évangélistes. À elle seule, en effet, la formulation des péricopes laisse deviner que le concept d'ennemis ne se rapporte pas aux mêmes personnes. Mais qu'en est-il plus concrètement?

• Les ennemis à aimer chez Matthieu

En ce qui concerne Matthieu, soulignons d'abord que «ennemis» ne semble pas faire référence aux personnes blessées par les chrétiens, personnes à qui il leur est suggéré de demander pardon avant de présenter leur offrande à l'autel: «Quand donc tu vas présenter ton offrande à l'autel, si là tu te souviens que ton frère a quelque chose contre toi, laisse là ton offrande, devant l'autel, et va d'abord te réconcilier avec ton frère; viens alors présenter ton offrande.» (Mt 5, 23-24) Matthieu ne penserait pas davantage aux ennemis privés, étant donné la possibilité de faire un lien, dans l'expression «Et moi, je vous dis: Aimez vos ennemis», entre le «vous» de la première partie qui vise les disciples dans leur ensemble, et derrière eux la communauté chrétienne à qui s'adressent les antithèses, et le «vos» de la dernière partie. Les ennemis en question seraient plutôt les ennemis des chrétiens comme tels.

Peut-on préciser un peu plus? Apparemment oui, si nous portons attention au verbe persécuter (*diôkein*) dans la suite du même verset 44: «Et moi, je vous dis: Aimez vos ennemis et priez pour ceux qui vous persécutent.» Écoutons Légasse:

> Chez Matthieu comme dans le reste du Nouveau Testament, ce verbe et le substantif correspondant diôgmos sont des termes techniques pour exprimer la persécution subie par les chrétiens en tant que société religieuse et à cause de leur religion. Spécialement en ce qui concerne Mt, il est inutile de songer à d'autres circonstances où les victimes seraient des juifs ou des chrétiens en tant que juifs, qu'il s'agisse de la guerre juive, de la prise de Jérusalem ou de leur retentissement dans les provinces, comme la persécution des juifs d'Antioche à l'instigation d'un renégat. Le contexte proche de notre passage s'y oppose: à la béatitude des «persécutés à cause de la justice» (5, 11) succède parallèlement celle des persécutés «à cause de moi» (5, 11), ce qui ne laisse aucun doute sur le caractère antichrétien de la persécution.

Et notre exégète d'ajouter:

> En fait, pour savoir quels sont ces ennemis que Jésus, selon Matthieu, prescrit d'aimer, la piste de la guerre juive et de ses conséquences s'avère être une impasse. Il est bien plus fructueux de remarquer, d'après l'évangile lui-même, que ces chrétiens persécutés étaient, à l'époque de la rédaction, déjà détachés du judaïsme: les synagogues des juifs sont désormais «leurs» ou «vos synagogues», de même que les rabbins sont «leurs scribes» (7, 29). Une telle rupture provoquait — on peut aisément le supposer — la hargne des juifs, mis à vif par le récent désastre national et supportant mal de voir une partie des leurs dériver vers l'Église des Gentils.

> Mais d'autre part les chrétiens inauguraient une existence précaire et pleine de dangers, puisqu'ils se trouvaient désormais exclus des privilèges dont bénéficie la nation juive à travers l'Empire. Ils étaient ainsi opprimés des deux côtés, du côté juif (10, 17-23 ; 23, 34) et du côté païen (10, 22 ; 24,9), quand ce n'étaient pas les juifs qui traînaient les chrétiens «devant des gouverneurs et des rois, à cause de moi, pour rendre témoignage en face d'eux (les juifs) et des païens» (10, 18[2]).

Tout compte fait, l'ennemi de Matthieu serait assez facilement identifiable. Il s'agirait de quelqu'un qui ne fait pas partie de la communauté religieuse, qui s'opposerait à la foi, bien plus, qui persécuterait les chrétiens à cause de leur foi. L'ennemi privé ne serait dès lors en aucune façon visé, l'emploi du verbe «persécuter» restreignant la perspective à la persécution religieuse.

- Les ennemis à aimer chez Luc

Comme nous le laissions entendre un peu plus haut, de prime abord, les ennemis de Luc ne paraissent pas être les mêmes que ceux dont parle le premier évangile. On soupçonne même qu'ils sont beaucoup plus diversifiés. Chose certaine, Luc n'utilise pas le verbe persécuter qui nous a été si précieux pour dépister les ennemis de Matthieu. Là où ce dernier indique deux préceptes, Luc en énonce quatre, sans retenir *diôkein*: «Aimez vos ennemis, faites du bien à ceux qui vous haïssent, bénissez ceux qui vous maudissent, priez pour ceux qui vous calomnient.»

Est-ce à dire que l'absence de ce verbe technique, employé pour désigner la persécution des chrétiens à cause de leur foi, serait un signe que Luc ne pense aucunement à ce type de persécution? Pas du tout. En effet, comment ne pas être sensible au fait que

«haïr» renvoie à la dernière des béatitudes lucaniennes, où la haine ainsi que toutes les autres avanies endurées par les chrétiens le sont «à cause du Fils de l'homme» (6, 22). Et puis Luc reproduit fidèlement les données de ses sources où Jésus annonce la persécution des chrétiens en termes explicites (11, 49-51 ; 21, 12-18). Quand est rédigé le troisième évangile, l'Église a déjà fait l'expérience des persécutions et rien ne permettait d'exclure qu'elle ait à les subir de nouveau dans l'avenir, durant ce que Luc appelle «le temps des païens» (21, 24). Enfin la phrase «priez pour ceux qui vous maltraitent» évoque la prière de Jésus au calvaire pour ses bourreaux (Lc 23, 34a) et celle — plus sûre du point de vue textuel — d'Étienne d'après Ac 7, 60, prières de l'amour puisqu'elles n'ont pas pour but d'être délivré des ennemis comme dans les Psaumes mais seulement le bien de ces mêmes ennemis[3].

Seulement, sans abandonner complètement l'expérience de la persécution en tant que telle, il ne fait pas de doute que Luc inclut dans sa présentation de l'amour des ennemis tous ceux et celles qui, au jour le jour, se rendent coupables d'offenses personnelles à l'endroit des chrétiens ou, si l'on préfère, ne manquent pas d'irriter ces derniers, indépendamment de leur appartenance religieuse. Pareille interprétation nous est en tout cas inspirée par la série de directives qui figurent aux versets 29-30 et qui, de toute évidence, touchent au domaine privé: ne pas répondre au mal par un autre mal, abonder dans le sens du voleur, ne rien refuser à quiconque, ne pas réclamer l'objet volé.

Ne manquons pas l'occasion de remarquer que la générosité à manifester en toutes circonstances, générosité dont nous dirions spontanément qu'elle dépasse les bornes, trouve finalement son principe d'explication dans l'amour de soi exprimé au v. 31: «Et comme vous voulez que les hommes agissent envers vous, agissez de même envers eux.» Attention! Il n'est pas dit à cet endroit de faire aux autres ce que nous voudrions qu'ils nous fassent ou, en négatif, de ne pas faire aux autres ce que nous ne voudrions pas qu'ils nous fassent. Avec Légasse, il faut plutôt comprendre ceci:

> [...] la Règle d'or exige de faire (ou de ne pas faire) à l'autre ce qu'on reconnaît souhaitable (ou non souhaitable) pour nous sur la base de l'amour de soi. L'idée d'action en retour ou de rétribution est ici complètement absente. On le déduit de la formulation même de la Règle d'or, qui n'a rien dans ce sens. On peut aussi le confirmer ici même, du fait qu'elle figure dans un contexte d'où est proprement exclue l'attente d'une contrepartie quelconque[4].

Faut-il de plus préciser que les ennemis auxquels il est fait allusion en Luc sont loin de n'être que ceux qui pourraient surgir de l'intérieur de la communauté chrétienne? On lit en effet: «À quiconque te demande, donne.» Le «quiconque» suppose vraisemblablement «des Églises ouvertes sur le monde et dont les membres, loin de s'enfermer dans un ghetto, frayent avec la population locale[5]».

Ajoutons que s'il peut paraître étrange, du moins à première vue, de qualifier d'ennemis les personnes qui adoptent les comportements mentionnés aux versets 29-30, c'est pourtant ainsi que Luc présente les choses. Pour plus de sûreté, relisons le v. 35 du texte de Luc, cité en entier au début de cette section, où l'amour des ennemis est explicité dans le sens de faire du bien et prêter sans espoir de retour: « Mais aimez vos ennemis, faites du bien et prêtez sans rien espérer en retour.»

Vraisemblablement, pour l'auteur du troisième évangile, nos ennemis risquent d'avoir toutes sortes de visages et, surtout, de marcher sur nos routes quotidiennes. Dans quelle mesure réussirons-nous alors à mettre en pratique la parole de Jésus: «Et moi, je vous dis: Aimez vos ennemis»?

4. *Quelques bonnes raisons d'aimer ses ennemis*

Le commandement d'aimer nos ennemis, puisque pareille recommandation n'a rien d'un simple conseil, pourrait certainement être facilité dans sa mise en pratique par la connaissance des motivations qui l'accompagnent en Matthieu et en Luc. On le sait par expérience, la motivation joue toujours un rôle important dans la réalisation de n'importe quel agir. Que trouvons-nous donc chez nos deux évangélistes à ce sujet? Nous pouvons l'annoncer tout de suite: malgré une différence de formulation notable, Matthieu et Luc se rejoignent ici encore. Par ailleurs, les motivations apportées à l'appui de l'amour des ennemis ne sont pas tant chez eux nombreuses que percutantes.

- Aimer pour ressembler au Père

Agir comme Dieu, voilà bien, semble-t-il, une motivation à ne jamais perdre de vue quand vient le temps d'aimer ses ennemis, de poser ce geste qui va à l'encontre de la pente naturelle du cœur humain. Dieu n'est-il pas reconnu pour sa bonté envers tous, pour l'universalité de son amour prévenant? Plus concrètement, nous disent nos évangélistes, n'est-il pas celui qui fait lever son soleil sur les méchants et sur les bons et tomber la pluie sur les justes et les injustes[6]? Romains 5, 6-8 et Tite 3, 4-5 ne disent-ils pas, quant à eux, que Dieu vient sauver tous les pécheurs sans préalable de leur part?

Or, si le Père manifeste ainsi sa miséricorde même à l'égard de ses persécuteurs, bien mieux, s'il se comporte comme s'il n'avait pas d'ennemis, n'y aurait-il pas là, pour chacun et chacune de nous, un appel à suivre son exemple, en montrant de la compassion, même à ceux et celles que nous aurions toutes les raisons de laisser de côté, sans jamais leur pardonner? Il est en tout cas frappant de constater que Jésus demande d'aimer ses ennemis en référence à l'amour du Père. Il ne nous montre pas un Père qui nierait la réalité des méchants et des injustes qui l'offensent, mais un Père qui demeure égal dans l'amour qu'il témoigne à toute personne humaine. En somme, le même Jésus qui a enseigné à tous et à toutes la nécessité de se conduire les uns envers les autres d'une manière radicalement nouvelle est le même qui est venu nous révéler comment le Père se comporte envers ceux et celles qui l'offensent et qui nous sollicite à agir dans le même sens.

Le critère suprême de l'amour des ennemis étant l'amour du Très-Haut ou du Père céleste à l'endroit de tous les humains, laissons l'amour de Dieu, parfait dans son ordre, commander et inspirer notre amour et notre pardon envers nos ennemis. Examinons aussi toujours plus à fond la manière tout à fait unique du Père de faire miséricorde à ses fils et filles afin d'être moins tentés de distinguer a priori ceux qui méritent ou ne méritent pas d'être aimés, d'être plus facilement amenés à imiter Dieu dans nos rapports avec nos semblables (Mt 18, 23-25). En réalité, l'amour de Dieu constituant la racine de tout amour (1 Jn 4, 7-8), quand quelqu'un parvient à aimer un ennemi, n'est-ce pas Dieu qui l'aime en lui?

- Ressembler au Père pour devenir fils

Matthieu et Luc ne se contentent pas d'affirmer qu'en aimant nos ennemis nous ressemblons finalement d'une manière éminente au Père, que nous l'imitons dans son amour illimité, mais ajoutent que c'est de cette façon que nous devenons «fils du Père qui est aux cieux» (Mt) ou «fils du Très-Haut» (Lc). Notons, au passage, que nous retrouvons quelque chose de cette argumentation dans la littérature de Sagesse de l'ancien judaïsme:

Sois pour les orphelins un père et comme un mari pour leurs mères. Et tu seras comme un fils du Très-Haut qui t'aimeras plus que ne fait ta mère. (Si 4, 10)

Car si le juste est fils de Dieu, Il l'assistera et le délivrera des mains de ses adversaires. (Sg 2, 18)

Comment donc a-t-il été compté parmi les fils de Dieu? Comment a-t-il son lot parmi les saints ? (Sg 5, 5)

Si l'on en croit Luc qui écrit en 6, 35: «Mais aimez vos ennemis, faites du bien et prêtez sans rien espérer en retour. Alors votre récompense sera grande, et vous serez les fils du Très-Haut, car il est bon, lui, pour les ingrats et les méchants», «fils du Très-Haut» serait la récompense que Dieu accordera à ses fidèles lors du jugement dernier, un peu comme ce que l'on retrouve en 20, 36: «C'est qu'ils ne peuvent plus mourir, car ils sont pareils aux anges: Ils sont fils de Dieu puisqu'ils sont fils de la résurrection.» Est-ce à dire, par conséquent, que Luc aurait laissé tomber l'idée d'imitation de Dieu? Selon Légasse, il ne semble pas:

> Il faut lire le texte en comprenant «Vous serez récompensés en étant fils de Dieu parce qu'[en vous montrant pleinement désintéressés envers autrui vous imitez Dieu, lui qui] est bon envers les ingrats et les méchants».

Et Légasse d'ajouter:

> Le v. 36, qui reproduit la source et sert de transition vers la section suivante, confirme ce qu'on vient de dire en exhortant le lecteur à imiter la miséricorde de Dieu: «Soyez miséricordieux comme votre Père est miséricordieux[7].»

Nous sommes donc invités à aimer nos ennemis pour imiter l'amour du Père et, ce faisant, devenir fils et filles de ce même Père. Mais ce n'est pas tout.

• Ne pas agir à la manière des païens et des pécheurs

L'amour des ennemis en Matthieu et en Luc s'accompagne d'une autre motivation. Sans être de même nature que celles qui précèdent, elle n'en est pas moins clairement indiquée chez l'un et l'autre. Pour l'auteur du premier évangile, il s'agit de se distinguer des «collecteurs d'impôts» et des «païens»: «Car si vous aimez ceux qui vous aiment, quelle récompense allez-vous en avoir? Les collecteurs d'impôts eux-mêmes n'en font-ils pas autant?

Et si vous saluez seulement vos frères, que faites-vous d'extraordinaire? Les païens n'en font-ils pas autant?» (5, 46-47) Luc signale de son côté, à trois reprises, qu'aimer ses ennemis c'est s'élever au-dessus des «pécheurs», selon un vocabulaire plus acceptable par des non juifs: «Si vous aimez ceux qui vous aiment, quelle reconnaissance vous en a-t-on? Car les pécheurs aussi aiment ceux qui les aiment. Et si vous faites du bien à ceux qui vous en font, quelle reconnaissance vous en a-t-on? Les pécheurs eux-mêmes en font autant. Et si vous prêtez à ceux dont vous espérez qu'ils vous rendent, quelle reconnaissance vous en a-t-on? Même des pécheurs prêtent aux pécheurs pour qu'on leur rende l'équivalent.» (Lc 6, 32-34)

En d'autres termes, nous sommes exhortés à l'amour des ennemis afin de ne pas en rester au niveau des comportements communs. Le disciple, tout disciple du Christ digne de ce nom, ne devrait jamais se contenter du donnant, donnant, mais, bien plutôt, viser, à l'exemple de Dieu, la gratuité en tout ce qu'il accomplit. Évidemment, personne n'a jamais prétendu que pareille conduite pourrait être facile. Néanmoins, sans doute y a-t-il lieu d'y voir un chemin privilégié vers le «Vous donc vous serez parfaits comme votre Père céleste est parfait» qui vient clore, chez Matthieu, la section consacrée à l'amour des ennemis.

5. Aimer, oui, mais de quel amour?

Le fait d'avoir déjà pris conscience qu'il nous était demandé d'aimer nos ennemis en référence à l'amour miséricordieux du Père, n'est pas sans nous laisser deviner quelque peu de quel amour on parle dans un tel contexte. On ne pense certainement pas à l'amour d'*eros* qui répond à une attente, qui va vers la personne aimable en raison d'un attrait, d'une attirance, et qui, la plupart du temps, va de pair avec une émotion sensible. On ne fait sans doute pas référence non plus à ce bel amour d'amitié qui a pour nom *philia* et qui, lui aussi, est grandement facilité par tout un ensemble de qualités chez l'autre.

Quand le Christ prescrit d'aimer nos ennemis, de toute évidence, cela ne peut se faire que par l'amour d'*agapè* qui, sans dénigrer l'*eros* ou la *philia*, ne les transcende pas moins de beaucoup. C'est le type d'amour à propos duquel Jean écrit: «Je leur ai fait connaître ton nom et je leur ferai connaître, afin que l'amour dont tu m'as aimé soit en eux, et moi en eux.» (17, 26) Plus précisément, c'est l'amour qui se situe dans une sphère de pure gratuité, qui vit à même la vie qu'il suscite en l'autre. En effet, alors que l'amour d'*eros* se dirige vers la personne qui répond à l'attente, l'amour d'*agapè* va jusqu'à l'ennemi, bien sûr, pour lui pardonner, mais tout autant, sinon plus, pour le sauver, l'arracher à sa méchanceté, le faire accéder graduellement au statut de personne noble et aimable.

Cet amour admirablement illustré dans la parabole du bon Samaritain en Lc 10, 29-37, peut en réalité se définir comme un amour créateur qui cherche à faire grandir l'autre qui déplaît, qui fait souffrir, qui laisse froid et indifférent, que, spontanément, on serait porté à oublier, voire à laisser pour compte, sinon par dégoût, au moins par manque d'intérêt. L'amour d'*agapè* c'est, en définitive, l'amour qui discerne un prochain chez tout être en qui se manifeste un appel, une pauvreté. Vécu au prix d'une victoire sur la réaction instinctive, ne s'expliquant jamais par une émotion affectueuse, il n'est pas exagéré d'affirmer que celui-ci représente toujours le fruit d'une décision personnelle.

En somme, contrairement à l'amour d'*eros* et à la *philia* qui s'évanouissent, sinon totalement, du moins en partie au moment où naît quelque blessure que ce soit, l'amour d'*agapè*, qui sait faire place au pardon des offenses, tient bon envers et contre tout. Il déplace les barrières au fur et à mesure qu'elles tentent de s'immiscer entre deux êtres. Tout compte fait, il ne rejoint la misère de l'autre que pour mieux la vaincre: «Ne te laisse pas vaincre par le mal, mais sois vainqueur du mal par le bien.» (Rm 12, 21)

6. Un amour impensable en dehors du Nouveau Testament

Nous avons eu l'occasion d'examiner plus haut la position de l'Ancien Testament sur l'amour du prochain. Vous vous souvenez sans doute que nous n'avons rencontré à cet endroit aucune règle identique à ce qu'on trouve en Mt 5, 44 et en Lc 6, 27-35. D'après Légasse qui a creusé la question de l'amour des ennemis, il ne faudrait pas chercher non plus dans les documents de l'ancien judaïsme quelque chose qui pourrait être considéré comme une amorce du précepte évangélique sur l'amour des ennemis. La littérature rabbinique ne serait pas quant à elle plus riche sur ce plan. Celle-ci ne renferme apparemment aucun ordre d'aimer ses ennemis qu'on pourrait mettre en parallèle avec l'ordre d'aimer son prochain en Lévitique 19, 18. D'après J. Eschelbacher, cité par Légasse, le phénomène s'expliquerait ainsi:

> La loi juive a prescrit l'aide et le soutien également au profit de l'ennemi en difficulté... Mais le judaïsme n'a aucunement prescrit d'*aimer* l'ennemi. Il tient une telle loi pour irréalisable, le sentiment d'amour envers ceux qui nous maudissent, haïssent, cherchent à nous anéantir, pour impossible; une aspiration dans ce sens, il ne la considère peut-être même pas comme une bonne chose. Car le renonce-

ment à soi a aussi ses limites, la lutte est parfois non seulement une nécessité mais encore un devoir[8].

Qu'en est-il maintenant des idées grecques sur le comportement à adopter envers les ennemis? La littérature grecque manifeste très certainement une propension à la générosité et au pardon, sur le plan aussi bien national que privé. Le sage est allergique à l'idée de vengeance ou encore à l'idée de rendre le mal pour le mal. De là cependant à dire que pareille attitude soit inspirée par un sentiment de bienveillance à l'égard de ses adversaires, il y a une marge! Chose certaine, on trouve rarement le désintéressement qui pourrait évoquer l'amour. Au contraire, le sentiment de supériorité, l'intérêt propre semblent y être pour beaucoup dans les comportements adoptés à l'endroit d'accusateurs, d'adversaires, d'ennemis. On est donc encore loin du «Moi, je vous dis: Aimez vos ennemis»!

Rassurez-vous, nous n'avons pas oublié la morale stoïcienne qui, elle, bien sûr, parle explicitement d'amour des ennemis et non plus seulement de renoncer à la vengeance. Toutefois, alors même que les ennemis sont inclus dans le champ de l'amour, il importe de ne jamais perdre de vue la raison pour laquelle ils le sont:

> [...] au-delà de toutes les raisons pratiques susceptibles de justifier l'amour des ennemis, il en est une, radicale, qui dérive proprement du stoïcisme. Marc Aurèle nous la livre quand il considère l'amour des ennemis non pas comme une chose extraordinaire mais comme une chose normale. En effet, «un visage qui respire la haine est par trop contraire à la nature» (lian para physin) (VII, 24). Et positivement: «Aime le genre humain. Suis Dieu.» (VII, 31) La deuxième phrase pourrait être rendue équivalemment par «suis la nature». Car, encore d'après l'empereur philosophe, tous les hommes participent «non de même sang ou de

la même semence, mais de l'intelligence et d'une parcelle de la divinité», de sorte que nous sommes faits pour coopérer, comme les pieds, les mains, les paupières, les deux rangées de dents, celles d'en haut et celles d'en bas. Agir en adversaires les uns des autres est donc contre nature» (para physin[9]).

Le moins qu'on puisse dire, c'est qu'à l'instar des Pères de l'Église du IIe siècle, on n'est guère enclin à confondre le commandement chrétien et le contenu de la morale stoïcienne, aussi noble soit-elle, par ailleurs. L'ordre de Jésus d'aimer les ennemis, dont nous avons essayé de saisir le sens et la portée à partir de ce que nous en livrent les évangélistes Matthieu et Luc, constitue, par conséquent, quelque chose de tout à fait nouveau, un enseignement unique en son genre. Tertullien dirait: «[...] aimer ses amis est le fait de tous, aimer ses ennemis, le fait des seuls chrétiens[10].»

7. *Vivre aujourd'hui l'amour des ennemis*

Au terme de ce parcours sur l'amour des ennemis, il peut être bon de rappeler que celui ou celle qui se contenterait de lire de belles paroles, fussent-elles mises dans la bouche de Jésus, n'en retirerait que peu de profit pour sa vie personnelle. Au-delà de l'information, c'est toujours la transformation de la vie qui devrait primer dans toute recherche de la vérité. Or, de ce point de vue, la doctrine sur l'amour du prochain, plus spécialement sur l'amour des ennemis, a certainement de quoi nourrir quiconque en prend sérieusement connaissance. Bien plus, son actualité n'aura jamais besoin d'être démontrée, tant il est vrai qu'elle rejoint l'expérience de tous et toutes pour qui les occasions de dépassement ne manquent pas quotidiennement. Mais en quoi peut-elle plus précisément inspirer toujours et encore nos conduites, étant donné qu'il nous faut être attentif autant à ne pas gauchir l'Évangile qu'à ne pas l'enfermer dans des directives d'une autre époque?

En un sens, la réponse à cette question ne sera jamais mieux apportée que par chacun et chacune de ceux et celles qui prendront le temps de nous lire. Il y a fort à parier, d'ailleurs, que ces personnes ont déjà fait comme spontanément ce travail à mesure que s'accumulaient les observations proposées à leur réflexion. L'amour d'*agapè* recouvre un champ tellement vaste qu'il serait difficile de ne pas se sentir concerné par l'une ou l'autre de ses implications et exigences!

Quoi qu'il en soit, nous nous souvenons qu'avec Matthieu, les ennemis des premiers chrétiens avaient quelque chose à voir avec la non-acceptation de leur foi. Ce sont leurs persécuteurs que ceux-ci étaient donc conviés à aimer. Comme on sait, toute persécution religieuse est loin d'être disparue de notre monde. S'agit-il toujours d'aimer ceux qui attaqueraient nos convictions religieuses? Pour une part, sans doute. Toutefois, il ne nous semble pas que l'Évangile inviterait aujourd'hui les chrétiens persécutés à capituler, à souffrir en silence au nom de Jésus, sans que ces derniers essaient, en même temps, de contrecarrer autant qu'ils le peuvent le manque de liberté érigé en système en plusieurs endroits de la planète. Il y a, à coup sûr, des systèmes et des méthodes qu'aucune conscience ne peut approuver. D'ailleurs, nous l'avons indiqué quelque part, Jésus n'interdit pas de s'opposer aux attaques injustes, de combattre le mal dans le monde. De toute façon, sur ce plan comme sur beaucoup d'autres, le discernement est toujours de mise. Réagir pour amener les gens qui persécutent les autres, ou nous-mêmes, à cause de certaines croyances, à revoir leur manière de faire, ne serait-ce pas parfois la plus belle façon de les aimer, en tout cas de travailler au bien de tous? Chose certaine, dans le prolongement de l'enseignement de Jésus tel qu'il est consigné par Matthieu, nous serions portée à inclure dans les ennemis à aimer tous ceux et celles qui insultent, persécutent, calomnient les autres à cause du nom de Jésus, tous ceux et celles qui leur manifestent de l'inimitié, qui les traitent comme infâmes à cause du Fils de l'homme.

Mais les ennemis à aimer ne sont pas seulement, d'après le Nouveau Testament, ceux qui auraient quelque chose à voir avec le domaine religieux, ou encore, avec la vie en communauté. Et c'est ici que la lecture de Luc s'avère précieuse. Nous l'avons constaté, ce dernier inscrit pour sa part au nombre des ennemis tous ceux et celles qui se rendent coupables d'offenses personnelles, c'est-à-dire qui maudissent, calomnient, frappent d'une façon ou d'une autre, volent quelque chose à l'autre et, pourquoi pas, ce bien si précieux qu'est la réputation. En réalité, avec Luc, l'amour des ennemis s'étend à toute personne qui fait volontairement du mal, qui est à la source de toutes sortes de conflits et désagréments, qui est à l'origine de toute espèce de coups et violence, aussi bien à petite qu'à grande échelle. Les adversaires jaillissant de partout, y compris sur le plan politique, c'est à tout ce beau monde qu'il est demandé aux croyants et croyantes de pardonner, de rendre le bien pour le mal, non pas uniquement quand l'occasion se présente, mais, également, aussi souvent que nécessaire. Avis aux intéressé(e)s!

NOTES

[1] J. Piper, «*Love Your Enemies*». *Jesus' Love Command in the Synoptic Gospels and the Early Christian Paraenesis,* (Society for New Testament Studies — Monograph Series, 38), Cambridge, 1974, cité par S. Légasse, *Et qui est mon prochain?* Paris, Cerf, 1989, (Lectio Divina, 136) , p. 73.

[2] S. Légasse, p. 98, cité *supra*, n° 1.

[3] S. Légasse, pp. 106-107, cité *supra*, n° 1.

[4] S. Légasse, p. 109, cité *supra*, n° 1.

[5] S. Légasse, p. 110, cité *supra*, n° 1.

[6] Légasse rappelle, à la page 100 de son ouvrage déjà cité, que l'imitation de la divinité répandant ses bienfaits sur les bons et les méchants représente un lieu commun de la morale antique. Il en donne pour preuve un passage de Sénèque pour qui, à l'imitation des dieux, quelqu'un doit faire du bien aux injustes, puisque «le soleil se lève sur les scélérats et que les mers s'ouvrent aux pirates» (De ben. IV, 26, 1) et ce texte de Marc Aurèle: «Les dieux eux-mêmes veulent du bien à ces gens-là; maintes fois même ils les aident à obtenir ce qu'ils réclament: la santé, la richesse, la gloire, tant ils sont bons! Tu le peux, toi aussi. Sinon, dis-moi qui t'en empêche?» (Pensées II, 11)

[7] S. Légasse, p. 116, cité *supra*, n° 1.

[8] J. Eschelbacher, «Die Vorlesungen Ad. Harnacks über das Wesen des Christentams V» dans *MGWJ* 47 (1903), p. 144, cité par S. Légasse, pp. 84-85, cité *supra*, n° 1.

[9] S. Légasse, pp. 88-89, cité *supra*, n° 1.

[10] Tertullien, *Ad Scapulam* I, 3, Corpus Christianorum, series latina, t. II, p. 1127.

Chapitre 8

LES BUTS ULTIMES DU PARDON

Tout au long de cette étude, nous avons eu l'occasion de partager avec vous de belles et bonnes choses sur le pardon. Notre modeste enquête resterait pourtant inachevée si nous ne mettions en relief, à la toute fin, ce pour quoi, en définitive, il nous faut pardonner. En effet, là se trouve en quelque sorte le point culminant qui donne sa raison d'être à toute la démarche antérieure, aux différentes facettes du pardon explicitées ci-dessus. Nous en avons d'ailleurs déjà glissé quelques mots en évoquant les bienfaits du pardon. Vous nous permettrez donc d'y revenir brièvement avant de conclure cette présentation qui, selon nous, renferme des éléments à ne jamais perdre de vue lorsque nous parlons du pardon.

1. Libérer l'offenseur

Pardonner pour libérer l'offenseur, celui qui nous a fait volontairement souffrir. Voilà un premier but du pardon qui nous vient comme spontanément à l'esprit. Peut-être n'est-il même pas nécessaire d'avoir été soi-même offenseur pour comprendre à quel point celui qui a commis une offense peut sentir le besoin d'être libéré non seulement du mal commis mais également du mal moral qui le tenaille, de l'angoisse, voire de la désespérance, qui ronge son existence? Jacques Pohier l'a bien saisi:

> [...] pardonner c'est une façon de libérer des opprimés, de visiter des gens en prison. Celui qui a commis une faute est enfermé dans sa faute, dans le tort qu'il vous a fait. Pardonner, ce serait visiter dans sa prison celui qui est enfermé dans le tort qu'il vous a fait. Il vous a fait un tort: vous êtes censé, vous, le mettre en prison en l'enfermant dans sa faute, d'une part, et, d'autre part, lui aussi, s'il se sent coupable, s'enferme dans sa faute. Par ce processus, l'offenseur se trouve doublement verrouillé dans sa faute[1].

Il n'y a pas de doute qu'à cause de la lumière qu'il met dans la vie de l'offenseur, le pardon représente un gros cadeau à lui faire, un don extraordinaire. Celui qui pardonne à cause de l'amour qui l'habite dit finalement à son agresseur qu'il est plus grand que tout ce qu'il a pu faire dans le passé. Son geste de confiance lui manifeste qu'il croit en sa capacité de changer, de s'améliorer. En lui montrant que son bien lui tient à cœur, il permet à l'autre de redevenir lui-même. Comme c'est important de cesser d'identifier quelqu'un à son péché, à ses insultes, à ses outrages! Comme c'est important que l'autre sache que nous ne considérons pas ce qui lui est arrivé comme le dernier mot sur sa personne! Or, c'est précisément une des fins du pardon de montrer à celui ou celle qui s'est rendu coupable de quelque affront que ce soit que nous croyons de nouveau en lui, en elle, en son authenticité. Chose certaine, si, comme nous avons pris le temps de le souligner au début de ce volume, le pardon n'est jamais obligatoire, il devient pour ainsi dire inévitable là où existe un véritable amour. N'y a-t-il pas que l'amour qui puisse permettre d'accepter l'autre tel qu'il est non pas, bien sûr, pour le laisser piétiner sur place mais pour l'emmener toujours plus loin?

2. Ouvrir à l'offenseur un nouvel avenir

Si l'on n'y prend garde, on pourrait tomber dans le piège de concentrer la finalité du pardon uniquement en relation avec le passé d'un individu. C'est vrai, comme nous venons de le rappeler, que le pardon libère l'offenseur du mal commis, d'une mauvaise conduite passée, mais n'y a-t-il pas lieu d'envisager sérieusement le pardon en fonction de l'avenir qu'il inaugure? En fait, si le pardon est possible, c'est que la vie comporte également un avenir. Pareille vision nous semble primordiale. Là où la colère et la vengeance ferment tout avenir, le pardon ouvre à ceux et celles qui le reçoivent un nouvel avenir. Cet acte tout gratuit fait prendre conscience à l'offenseur qu'en dépit de l'ineffaçable, que bien que ce qui a été fait ne puisse plus ne pas avoir été fait, il y a néanmoins de la place pour du nouveau.

De cela, nous trouvons un vibrant témoignage dans la parabole dite de l'enfant prodigue. Saisissons l'occasion pour réexaminer l'agir désintéressé de Dieu représenté, dans le récit de Luc, sous les traits du père. Apparemment, seul l'amour de ce dernier était en mesure de faire bouger les choses, d'initier les changements souhaitables tant chez le fils aîné que chez le fils cadet. Autrement dit, lui seul, semble-t-il, détenait pour eux la clef d'une nouvelle existence:

En courant à la rencontre du fils cadet repenti et en le couvrant de baisers (Lc 15, 20), le père se révèle comme celui qui seul peut effacer le passé et créer un authentique avenir. En sortant à la rencontre du fils aîné (Lc 15, 28), le père apparaît comme celui qui seul peut dépasser la simple justice pour faire exister l'amour. Dans sa dynamique même, le récit configure un Dieu qui fait surgir l'amour et qui, de cette façon, permet d'effacer le passé marqué par la transgression, pour ouvrir un avenir réellement neuf[2].

En tout cas, plus on fréquente l'Évangile, plus on se rend compte que Dieu n'est jamais loin de celui qui se perd. Bien mieux, si on se réfère au chapitre 15 de Luc avec sa triple parabole de la brebis perdue, de la drachme perdue et du fils perdu, Dieu irait même jusqu'à goûter une immense joie à retrouver ce qui était perdu. Toujours d'après le Nouveau Testament, en Jésus, Dieu se plairait à faire de l'avenir de tous et toutes, qui croient en lui, un espace de vie retrouvée.

Manifestement solidaire des exclus, des victimes de toutes sortes, en pardonnant dans la personne de son Envoyé, Dieu recrée, on le voit à maintes reprises, beaucoup d'êtres abattus, fait naître pour eux les conditions d'une vie nouvelle. Promesse de vie, son pardon inaugure chez une foule de gens qui en bénéficient une vie toute neuve, une ère nouvelle qui, loin de demeurer purement intérieure, s'extériorise en des transformations profondes, en des bouleversements inattendus. Non accablé par les remords, les mauvais souvenirs, l'offenseur d'hier est désormais capable, moyennant quelque effort, de rencontrer la personne à qui il a fait du tort. Il n'est certainement pas exagéré de définir le pardon de Dieu comme une «création nouvelle». Sa justice peut, sans hésitation, être qualifiée de «créative» en offrant, à tous et à toutes, la possibilité de redevenir «créature» dans le sens le plus riche du terme. Pourquoi en irait-il autrement pour nous, pourquoi nos pardons appelés à se modeler de plus en plus sur celui de Dieu n'atteindraient-ils pas le même but: recréer l'offenseur?

En lien avec cette finalité du pardon, nous ajouterions que, de toute façon, c'est le propre de l'amour d'*agapè* de créer en l'autre ce qui le rend aimable. Contrairement à l'*eros* qui s'intéresse au proche en raison, disions-nous plus haut, d'un charme, d'une fascination, l'amour d'*agapè* qui se déploie dans le pardon crée le prochain. Assez fort pour aller vers le prochain même lorsque celui-ci est le proche devenu exécrable, haïssable, le voilà qui met fin aux menaces d'anéantissement, qui transforme les situations de mort en situations de vie. Dans l'élan du Christ donnant sa vie pour l'humanité pécheresse, l'amour d'*agapè* qui s'exprime en pardon ne peut pas ne pas revêtir les couleurs de Pâques. À nos yeux, il ne saurait passer par la Croix sans fleurir en Résurrection. Tout compte fait, le pardon fait figure d'«acte immensément créateur qui, de prisonniers du passé, nous change en individus libérés, en paix avec les souvenirs de notre passé[3]». C'est beaucoup, pourtant ce n'est pas tout.

3. Permettre une autre forme de relation

Libéré de lui-même, ayant à nouveau devant lui un horizon prometteur, grâce au pardon reçu, l'offenseur devient également en mesure d'expérimenter une nouvelle relation non seulement avec lui-même et avec Dieu mais tout autant avec les autres, en particulier avec sa victime. Le pardon lui procure de fait de nouveau accès à l'authenticité de l'univers relationnel, résultat non négligeable, on en conviendra. Il n'y a certainement rien comme de se sentir aimé pour réussir à aimer à son tour. Qui d'entre nous pourrait contester ce fait s'il prend soin de se reporter à sa propre expérience?

Cela dit, il faut cependant reconnaître que la relation qui suit un pardon ne sera jamais la même qu'avant la blessure. Il est impossible que l'offenseur et l'offensé reprennent telle quelle leur ancienne relation. Imaginer que les choses se passeraient ainsi serait se leurrer. Ils doivent se faire à l'idée que la relation passée n'existe plus et ne peut plus exister. Tout ce à quoi les personnes concernées peuvent aspirer, c'est de repartir sur d'autres bases, recréer de nouveaux liens, ou encore, assurer une autre forme à la relation. Exigeante, pénible, une telle entreprise n'est d'ailleurs pas sans donner lieu souvent à une relation beaucoup plus profonde que celle qui a précédé la rupture. Jacques Ellul explique bien le phénomène, indépendamment du membre de phrase sur le souvenir dont nous ne saurions faire un absolu compte tenu de nos propos antérieurs:

> [...] cet effacement de l'offense introduit une relation neuve, une relation qui renouvelle l'ancienne, mais qui sera dorénavant intacte et sans autre racine que ce pardon, où nul ne se souvient ni d'avoir été offensé ni d'être obligé. Le pardon nous libère effectivement du passé. C'est pourquoi il se situe bien au-delà de tout ce que les psychanalystes peuvent faire, il est à l'origine d'un commencement, où tout est nouveau[4].

Ainsi conçu, le pardon humain rejoint le pardon de Dieu dont l'expérience nous apprend qu'il n'est en rien abstrait:

> Le pardon de Dieu, révélé par celui qui fut victime d'un crime, ne cesse de signifier que Dieu est solidaire des victi-

mes de l'histoire pour un monde renouvelé, non pas d'abord par renversement des situations, mais par création de nouvelles relations. Le pardon de Dieu est l'annonce du Royaume: il advient par conversion et non par substitution de puissance[5].

Qu'on se le tienne pour dit, le vrai pardon n'admet ni vainqueur ni vaincu! Est-ce toujours la conception que nous nous en faisons?

4. Conduire à la réconciliation

À bien y penser, l'apogée de processus du pardon aurait pour nom «réconciliation». Sans en être toujours nécessairement conscients, nous pardonnons pour vivre en communion les uns avec les autres. Pas de communauté sans ce don précieux que chacun et chacune prendront soin de se faire réciproquement et selon que l'exigeront les circonstances. Et, comme le suggèrent ces passages bien connus du Nouveau Testament, le pardon constitue un exercice de re-création de soi et de l'autre sans limites, à refaire aussi souvent que nécessaire:

> Si ton frère vient à t'offenser, reprends-le; et s'il se repent, pardonne-lui. Et si sept fois le jour il t'offense et que sept fois il revienne à toi en disant: «Je me repens», tu lui pardonneras. (Lc 17, 3-4)

> Alors Pierre s'approcha et lui dit: «Seigneur, quand mon frère commettra une faute à mon égard, combien de fois lui pardonnerai-je? Jusqu'à sept fois?» Jésus lui dit: «Je ne te dis pas jusqu'à sept fois, mais jusqu'à soixante-dix fois sept fois.» (Mt 18, 21-22)

On l'aura peut-être deviné, pareille invitation à offrir aux autres un pardon indéfiniment multiplié trouve son fondement dans l'alliance définitive et irréversible de Dieu avec l'humanité dont il est souvent question dans la Bible. Chacun et chacune, pour leur propre compte, doivent, par conséquent, essayer de rendre effective la réconciliation que Dieu a accordée au monde. En travaillant ainsi à la réconciliation, ils ne font en somme que répondre à un amour premier et infatigable, plus fort que toute séparation. Ils ne doivent pas se cacher non plus qu'ils sont en quelque sorte déjà jugés sur leur manière de recevoir et d'accorder généreusement à tout autre, quel qu'il soit, le pardon obtenu du Père. Et s'il est vrai qu'ils peuvent toujours refuser de pardonner, il n'empêche qu'il y a quelque chose de grand à pouvoir poser ce geste, dans la force de l'Esprit, un geste qui est toujours une mort en vue d'une renaissance.

5. Pardonner sans être la victime

Parce que nous n'avons pas eu l'occasion de le faire ailleurs, on nous permettra de mentionner, dans cette section consacrée à la finalité du pardon, la nécessité de pardonner, alors même que nous ne serions pas directement la victime du tort commis. Le pardon étant un acte personnel, il était normal que nous parlions, depuis le début, du pardon que l'offensé devrait offrir éventuellement à son offenseur. Il est clair qu'en ce domaine il n'y a pas de procuration ni de substitution qui vaillent. Pourtant, sous un autre angle, à cause de la solidarité qui nous unit tous et toutes dans le Christ, il convient de souligner que toute injustice faite à quelqu'un nous atteint ou, du moins, devrait nous atteindre. Honnêtement, qui peut d'ailleurs affirmer qu'il n'a jamais souffert, à sa manière, du mal fait à un être qui lui était cher? Or, de même que la souffrance infligée à un être rejaillit sur un autre, de même le pardon se doit, nous semble-t-il, de déborder l'acte de l'offensé pardonnant à son offenseur. S'il ne s'agit jamais de pardonner à la place de la victime, Jankélévitch n'en est donc pas moins justifié d'écrire ceci:

> On peut pardonner les affronts qu'on a soi-même subis [...] mais on peut aussi accorder le pardon en dehors de toute offense [...] personnelle. Je pardonne en ce cas non pas le mal qu'on m'a fait, mais le mal tout court[6].

Le moins qu'on puisse dire, c'est qu'il ne faut pas avoir peur de se laisser entraîner dans le courant du pardon qu'une personne proche de nous offre à celui ou celle qui lui voulait du mal. Pourquoi serions-nous plus chiche qu'elle en bout de ligne? À l'inverse, il se pourrait que quelqu'un qui pardonnerait au nom d'un groupe, ou de quelqu'un dans ce groupe, dont il se sait responsable, ne soit pas sans solliciter l'intéressé lui-même, ou les vrais intéressés, à entrer éventuellement dans le jeu du pardon et à y trouver leur place. En réalité, l'idéal serait que tout pardon, même s'il n'engage pas directement les victimes, ouvre une voie et laisse à tout le moins espérer que ceux ou celles qui doivent exécuter un jour le même geste aient la force de l'accomplir en son temps. Dès lors, autant reconnaître que le pardon, à un degré ou à un autre, concerne tout le monde et, bien entendu, à un titre tout à fait particulier, les croyants et croyantes renés du pardon même de Dieu.

NOTES

[1] J. Pohier, «Questions sur le pardon», *Vie Spirituelle* 131, 1977, p. 218.

[2] J. Zumstein, «Le pardon dans le Nouveau Testament (Jésus, Paul et Jean)», *Pardonner*, Bruxelles, Publications universitaires Saint-Louis 65, 1994, p. 77.

[3] R. Studzinski, «Se souvenir et pardonner», *Concilium* 204, 1986, p. 24.

[4] J. Ellul, «Car tout est grâce», *Le pardon. Briser la dette et l'oubli*, Paris, Éditions Autrement — Série Morales n° 4, 1993, p. 135.

[5] C. Duquoc, «Le Pardon de Dieu», *Concilium* 204, 1986, p. 58.

[6] J. Jankélévitch, *Le pardon*, Paris, Aubier-Montaigne, 1967, p. 190.

CONCLUSION GÉNÉRALE

Ce ne serait pas bien connaître notre monde que de s'imaginer que l'harmonie régnerait en son sein, ou encore, qu'aurait pris fin ce temps où l'on avait l'habitude d'affirmer que l'homme est un loup pour l'homme. Il suffit d'écouter un peu attentivement les gens qui nous entourent, ou ce qui nous parvient par l'entremise des médias, pour nous rendre compte que l'existence quotidienne n'est pas rose du tout pour plusieurs de nos contemporains et contemporaines. De toute évidence, plusieurs personnes ne peuvent pas échapper à la délicate question du pardon qui, bien sûr, n'engage pas ipso facto la foi chrétienne mais à laquelle celle-ci confère des dimensions insoupçonnées. En tout cas, il ne se passe pratiquement pas une journée sans que nous soyons personnellement mise au fait de difficiles pardons à donner ou à recevoir, sans que quelqu'un nous fasse part de vieilles rancunes qui minent son être ou, plus simplement, de souffrances reliées à des relations pénibles avec l'entourage plus ou moins immédiat.

Face à tant de blessures provenant de personnes proches ou étrangères, face à tant de conflits qui ruinent à petit feu le bonheur des gens concernés et leur capacité de donner pleine efficacité à leurs activités régulières, comment ne pas avoir voulu oser, après bien d'autres, offrir une réflexion élémentaire sur le pardon à un public que nous souhaitons le plus vaste possible? Il nous paraissait impossible de ne pas fournir à notre tour une contribution sur ce thème si tant est que les injustices et conflits non réglés non seulement entraînent des répercussions sur le plan physique, empêchent le rendement personnel et collectif, mais empoisonnent la vie dans son ensemble.

Même s'il est passablement compliqué de bien parler du pardon et surtout de l'incarner, même s'il ne s'agit pas d'une valeur à la mode, même si certains et certaines préfèrent, de toute évidence, s'habituer au côte à côte de l'agressivité puis de l'indifférence ou tout bonnement reléguer cette valeur aux oubliettes, aucune de ces raisons n'aura été suffisante pour faire avorter notre projet. Elles auront même contribué à produire en nous l'effet contraire en nous stimulant à creuser cet amour très particulier prêt à se dépasser afin de recréer un nouvel univers de relations.

Au tout début de notre présentation, nous avons estimé indispensable de souligner que seule l'existence de la méchanceté pouvait justifier le pardon. Pas de pardon, disions-nous alors, sans matière, c'est-à-dire sans offenses au sens fort du terme. Or, ce genre d'offenses existent bel et bien. Bien plus, force nous est de reconnaître que cette méchanceté repérable ici et là aujourd'hui, que ces situations qui divisent et entraînent la mort remontent loin derrière. En effet, on n'a qu'à parcourir rapidement la Bible, spécialement les premiers livres de l'Ancien Testament, pour prendre conscience que, depuis les origines de l'humanité, la fraternité semble davantage une conquête qu'une réalité donnée d'avance.

On se souvient sans doute de certains récits de division bien connus, tels ceux de Caïn et Abel, de la tour de Babel, de certains épisodes faisant état de relations tendues entre Jacob et Laban, Ésaü et Jacob, Jacob et ses fils, Joseph et ses frères. Que nous montrent finalement toutes ces histoires sinon qu'au cœur des conflits, des discordes, des luttes et oppositions de toutes sortes, il y a toujours quelque chose qui a trait à l'exclusivité du pouvoir, de la vérité, de la richesse, voire de l'affection? Autrement dit, au cœur des tiraillements entre humains, existe toujours la convoitise, cette tendance chez un être à tout ramener à soi, à se considérer comme le nombril du monde. Mais il y a plus encore. Pareille convoitise s'accompagne malheureusement de mensonge, de méfiance, de peur de l'autre en sa différence, d'esprit de concurrence, d'agressivité. Quand la convoitise l'emporte, nous ne le savons que trop, l'autre devient un objet à accaparer, un rival à écarter, un moyen pour atteindre ses fins. Et du moment que l'autre n'existe pas, c'en est fait de la fraternité, des relations vraies entre personnes et, du même coup, surgissent les multiples occasions de pardonner. N'allons surtout pas croire que dans les relations conflictuelles l'une des deux parties en cause serait totalement innocente ou tout à fait coupable. La réalité n'est jamais aussi simple que cela. Quoi qu'il en soit, en dernière analyse, seule la volonté de vivre et de faire vivre semble pouvoir amener quelqu'un à renoncer à l'une ou l'autre forme de convoitise, à consentir à une mort qui peut être renaissance.

Reconnaissons-le, ces textes, et plusieurs autres, qui ont jadis alimenté les cours d'Histoire Sainte à la petite école, continuent d'être d'actualité par les leçons qu'ils renferment, par l'étalement d'attitudes qui brisent l'union entre les humains, mettent un frein à la paix, et peut-être surtout par le questionnement qu'ils devraient nous conduire à effectuer sur la qualité de nos propres relations interpersonnelles et la prise de conscience de nos besoins de pardon mutuel.

Qu'il n'ait jamais été aisé de vivre ensemble ressort également des témoignages reçus sur le comportement des premiers chrétiens. Semble-t-il, il ne faudrait pas trop idéaliser leur genre de vie. Très tôt, en effet, d'après les Actes des Apôtres, sont apparus de plus ou moins gros affrontements au sein des communautés chrétiennes et des accrochages notables dans les rapports entre Églises. Pensons seulement aux conflits de Paul avec les judaïsants, c'est-à-dire aux problèmes qu'il a eus à faire accepter les païens dans l'Église sans en faire d'abord des juifs. N'insistons pas plus en ajoutant des exemples qui pourraient être nombreux. Mais encore nous paraissait-il incontournable de faire valoir la nécessité du pardon avant de rappeler quoi que ce soit d'autre à son sujet. C'est ce que nous avons fait dans notre ouvrage, convaincue, d'ailleurs, que les hommes et les femmes de notre temps avaient probablement besoin plus que jamais de découvrir ou de redécouvrir cette bonne nouvelle du pardon qui, sans constituer la totalité du message chrétien, n'en représente pas moins un point culminant.

À ce propos, nous avons pris la peine de montrer combien pour Jésus qui place l'amour de Dieu et du prochain au sommet de tout, pour qui il ne suffit pas d'aimer le prochain dans sa généralité, mais tout autant ceux et celles que l'Évangile qualifie d'ennemis, il n'y a pas d'amour d'*agapè* sans pardon. Plusieurs pourtant refusent de pardonner à quiconque s'en prend volontairement à leur bonheur. Ils ne semblent pas du tout disposés à s'ouvrir à ce don sublime. D'autres, par ailleurs, repoussent un pardon généreusement offert, par peur d'une quelconque dépendance qu'il leur paraît impliquer. Serait-ce que tous ces gens ignorent la vraie teneur du pardon, ses précieux bienfaits et sa finalité ultime ? Indépendamment de la réponse, pour eux et pour tous, nous avons jugé utile d'expliciter en quoi consistent le pardon authentique et ses exigences, sachant qu'à son sujet les risques d'ambiguïté ne sont jamais, de toute façon, complètement écartés. Nous songeons plus particulièrement ici à quelques personnes rencontrées qui étaient certaines d'avoir pardonné alors qu'en réalité elles n'avaient probablement rien pardonné du tout. Et le contraire pourrait être parfois tout aussi vrai.

On ne le répétera jamais trop, tout pardon authentiquement libérateur suppose une mémoire active du mal ou, pour exprimer la même idée par la négative, le pardon ne se veut aucunement un oubli. Il n'est pas à confondre non plus avec l'excuse. Bien sûr, nous ne nions pas que, sous un certain angle, il ne soit profitable d'essayer de comprendre, voire d'oublier le mal subi. Toutefois, ces comportements sont nécessairement des conditions insuffisantes au pardon véritable. Relativement à la signification du pardon, il ne faut pas perdre de vue non plus que, s'il n'y a pas lieu de passer l'éponge ou de simplement tourner la page, à moins qu'il n'y ait vraiment pas d'autre solution, il n'est pas davantage approprié d'opposer le pardon à la justice. Personne, mais à plus forte raison ceux et celles qui se réclament de Jésus Christ et de son message, n'a le droit de bénir le mal ou de le laisser proliférer au dehors. Autant l'offenseur gagne à bénéficier de la bienveillance de celui qu'il a blessé, autant son acte en tant qu'acte mauvais mérite une sanction proportionnée aux dommages causés. Cette distinction entre la personne et son acte répréhensible exigeant toujours d'être prise en considération, il s'ensuit que de ne pas travailler à rétablir la justice prendrait des allures de faiblesse. Vous vous en souvenez, avec Sobrino, nous avons saisi l'importance non seulement de pardonner au pécheur mais, pour reprendre son expression, de pardonner la réalité elle-même en procédant aux transformations qui s'imposent à ce niveau-là. En d'autres termes, il ne saurait être question en aucun cas d'acquiescer à une faute même si, d'autre part, comme nous avons cherché à le bien montrer, le pardon colore inévitablement la justice à rendre.

Compte tenu de toutes ces observations, faut-il s'étonner que nous n'ayons pu taire la difficulté du pardon amèrement ressentie par quelques-uns? Il ne faut pas se le cacher, l'acte de pardonner n'est jamais étranger à la possession de certaines qualités ou dispositions qui en facilitent l'exécution et que tous et toutes ne détiennent pas nécessairement. Parmi celles-ci, on retiendra l'équilibre, la maturité, la capacité de se pardonner à soi-même, de s'élever au-dessus de l'injure, une sécurité et une liberté intérieure suffisantes pour entreprendre avec l'autre un nouveau type de relation. Tout compte fait, le pardon exige un effort considérable, beaucoup de courage, le renoncement à faire payer à l'autre la souffrance endurée, la possibilité de transcender la méfiance à laquelle a donné lieu l'offense. Autant admettre que pardon et investissement personnel vont de pair, et qu'en définitive, il est impensable de considérer le pardon comme une expérience instantanée. Même datable, comme tout processus complexe, il serait apparemment inexact de réduire ce dernier au moment où il est donné ou reçu. Ajoutons qu'en présence d'un nouvel obstacle, la personne aura toujours une énergie nouvelle à déployer pour pardonner et rendre du même coup réelle sa foi en Dieu. Comme en bien d'autres domaines, rien n'est par conséquent jamais acquis en ce qui concerne le pardon. Au fond, toute vraie réconciliation humaine ne peut qu'être coûteuse à l'exemple de celle de Dieu. Et n'allez pas croire que nous aurions oublié l'expérience pénible du côté du pardonné!

Mais cela dit, pour emprunter une expression familière, le jeu en vaut certainement la chandelle. En effet, le pardon apporte tellement au pardonneur et au pardonné en ce qui concerne la vie et la promotion humaine que ceux-ci seraient malvenus, voire insensés, de laisser passer cet événement de grâce. Nous l'avons souligné de bien des manières à l'intérieur de ces pages, le pardon opère une véritable métamorphose des êtres, un changement foncier de l'esprit et du cœur chez les intéressés. Réel exercice de libération, à la source de relations interpersonnelles encore imprévisibles, aube d'un avenir où tous les espoirs sont à nouveau permis, indubitablement, le pardon se révèle sans prix.

Par ailleurs, nous l'avons constaté aussi, une action de cette ampleur et qualité, un geste d'une telle confiance représente une tâche humainement impossible. Il y a tout lieu de croire que, laissée à elle-même, ou bien la personne se venge ou bien elle minimise l'offense pour ne pas avoir à pardonner. C'est précisément parce que nous savions que le pardon excède les possibilités humaines que nous avons pris le temps de développer que le pardon humain était second par rapport au pardon de Dieu. En réalité, il n'y a que ceux et celles qui se souviendront avoir été maintes fois graciés par Dieu, qui n'oublieront pas ses prévenances toutes gratuites à leur égard, qui prendront éventuellement aussi conscience de tous les pardons dont ils sont eux-mêmes et elles-mêmes en attente, qui seront en mesure de pardonner, d'opter pour l'amour de préférence à l'intérêt propre. Il s'agit donc d'entrer toujours plus chaque jour dans le pardon de Dieu en Jésus Christ, convaincus que nous ne pourrions rien réaliser dans le domaine du pardon si, dès l'origine, Dieu ne nous avait pas tous et chacun pardonnés dans le Christ. Mais attention de ne pas comprendre ici nos propos comme si Dieu pardonnait à la place de la personne. Pas du tout. Toutefois, sans diminuer l'apport de la personne, nous tenions à souligner avec vigueur que celle-ci ne peut pardonner qu'avec la force de l'Esprit du Christ.

En définitive, le pardon représente l'une des plus magnifiques œuvres de l'Esprit, lui qui rêve sans cesse de conformer le cœur des humains au cœur du Christ doux et humble, de transformer, grâce au pardon, les victimes de toutes sortes en disciples. Pardonner l'impardonnable, une chimère? Loin de là, c'est même indispensable.

TABLE DES MATIÈRES

Chapitre 3
UN RISQUE NÉCESSAIRE ET BIENFAISANT

Chapitre 4
UN ÉVÉNEMENT DE GRÂCE

Chapitre 5
UN ACTE DE MÉMOIRE

Chapitre 6
LE PARDON ET LA JUSTICE

Chapitre 7
UN AUTRE NOM DU PARDON:
L'AMOUR DES ENNEMIS

Chapitre 8
LES BUTS ULTIMES DU PARDON

RÉFÉRENCES

Les passages de l'Ancien Testament sont cités d'après la *Bible de Jérusalem*, nouvelle édition revue et augmentée, Paris, Cerf, 1974.

Les passages du Nouveau Testament sont cités d'après la *Traduction œcuménique de la Bible*, édition intégrale, Nouveau Testament, Éditions du Cerf, Les Bergers et les Mages, 1973.

Achevé d'imprimer
en mai 2000
sur les presses de
Imprimerie H.L.N.

Imprimé au Canada – Printed in Canada